Wolfgang Stock

Gesundheitsrecht im Alltag

Wolfgang Stock

Gesundheitsrecht im Alltag

VERLAGSHAUS DER ÄRZTE
GESELLSCHAFT FÜR MEDIENPRODUKTION UND KOMMUNIKATIONSBERATUNG GMBH

Wien, 1. Auflage 2008

ISBN 978-3-902552-10-5

Umschlag: malanda buchdesign
Layout und Umbruch: Helmut Lenhart, 8401 Kalsdorf
Umschlagabbildung: PhotoDisc
Projektbetreuung: Mag. Michael Hlatky
Druck: MA-Tisk, Maribor

Inhalt

Vorwort ... 7
Abkürzungsverzeichnis ... 9

Kinder und Schule ... 11

Eltern-Rechte und -Pflichten ... 12
Piercings und Tätowierungen ... 19
In der Schule ... 22

Am Arbeitsplatz ... 31

Das Vorstellungsgespräch ... 32
Arbeitsmedizinische Betreuung und Gesundheitsschutz im Betrieb ... 35
Krankenstand ... 44
Pflegefreistellung ... 54

Führerschein und Straßenverkehr ... 59

Führerschein ... 60
Krankheiten, Behinderungen und Medikamente im Straßenverkehr ... 75

Urlaub und Freizeit ... 81

Erholung im Freien ... 82
Freizeit- und Gesundheitssport ... 88
Gesundheitshotels und Solarien ... 92

Medizin ... 97

Der ärztliche Behandlungsvertrag ... 98
Impfungen und Vorsorgeuntersuchungen ... 105
Blut-, Plasma- und Organspenden ... 109
Arzneimittel und Medizinprodukte ... 121

Versicherungen ... 127
Privatkrankenversicherung ... 128
Privatunfallversicherung ... 133
Lebensversicherung ... 137
Reiseversicherungen ... 145

Behörden ... 151
Gesundheitsämter ... 152
Finanzamt und Gesundheit ... 158

Anhang ... 163
Ratgeberliteratur ... 164
Internetadressen ... 166
Stichwortverzeichnis ... 167

Vorwort

In diesem Buch geht es um Rechtsfragen der Gesundheit – und um die Übergänge zwischen gesund und krank.
Dabei stehen primär Alltagssituationen im Vordergrund: Ärztliche Bestätigungen für Schulkinder, Krankmeldung am Arbeitsplatz, Freistellungsanspruch für die Pflege eines erkrankten Kindes, ärztliche Untersuchung für den Führerschein, Medikamente im Straßenverkehr, Parken in der Behindertenzone, Kontakte mit dem Gesundheitsamt, Gesundheitsfragen in Versicherungsantragsformularen, Absetzbarkeit von Krankheitsausgaben beim Finanzamt, Lebensversicherung und Gesundheit usw.
Darüber hinaus geht es auch um rechtliche Rahmenbedingungen für persönliche Aktivitäten im Gesundheitsbereich: Gesundheitsschutz im Betrieb, Vorsorgeuntersuchungen, Blut- und Organspenden, Erste-Hilfe-Leistung usw.
Schließlich rückt auch der Bereich Urlaub und Freizeit ins Blickfeld: Freizeitunfallversicherung, Erholung im Wald, Heilkräutersammeln, Gesundheitsschutz in Badeteichen und -seen, Fitness auf Krankenkassenkosten, Gesundheitshotels und Solarien, Reiseversicherungen, Erkrankung im Urlaub usw.
In Summe alle Rechtsfragen rund um die Gesundheit, mit denen man im Alltagsleben immer wieder konfrontiert sein kann.

Einige Benützungshinweise:

In der juristischen Welt wird vieles abgekürzt – vor allem aber Gesetzestitel. Nach der erstmaligen Nennung wurde aus Platzgründen nur mehr die Abkürzung verwendet. Das Abkürzungsverzeichnis finden Sie auf der übernächsten Seite. Die Gesetze und Verordnungen wurden in der Regel ohne Bundesgesetzblatt-Nummer zitiert. Ich gehe dabei von der Zugangsmöglichkeit zum österreichischen Rechtsinformationssystem RIS *www.ris.bka.gv.at* aus, wo es in der Eingabemaske „Bundesrecht“ genügt, im Feld „Titel“ den Kurztitel oder die Abkürzung eines Gesetzes anzugeben, um zum gültigen Stand einer Rechtsvorschrift zu kommen. Auch die Hinweise auf Gerichtsentscheidungen erfolgten im Hinblick auf die RIS-Nutzbarkeit. Wer daran nicht interessiert ist, möge großmütig darüber hinweg lesen. Das Literaturverzeichnis bietet eine zweckmäßige Übersicht über die wichtigsten juristischen Ratgeberwerke im Zusammenhang mit dem Thema dieses Buches. Das ausführliche Stichwortverzeichnis am Ende des Buches ermöglicht die Einordnung von medizinischen und behördlichen Fachbegriffen in thematische Zusammenhänge.

Dieses Buch stellt keinen linearen Text dar: Sie müssen es also nicht von vorne bis hinten lesen. Entscheiden Sie für sich selbst, wo Sie anfangen, wo Sie sich vertiefen – kein Kapitel ist Voraussetzung für ein anderes. Aber stellen Sie es in Griffweite auf, damit es Ihnen eine zuverlässige Stütze bei der Bewältigung Ihrer Rechtsfragen im Zusammenhang mit der Gesundheit im Alltag sein kann.

Graz, im Jänner 2008 *Dr. Wolfgang Stock*

Abkürzungsverzeichnis

ABGB	Allgemeines Bürgerliches Gesetzbuch
ABO	Apothekenbetriebsordnung
Abs	Absatz
AHG	Amtshaftungsgesetz
AMG	Arzneimittelgesetz
AngG	Angestelltengesetz
ApG	Apothekengesetz
Art	Artikel
ÄrzteG	Ärztegesetz
ASchG	ArbeitnehmerInnenschutzgesetz
AStV	Arbeitsstättenverordnung
ASVG	Allgemeines Sozialversicherungsgesetz
AUVA	Allgemeine Unfallversicherungsanstalt
B-AStV	Bundes-Arbeitsstättenverordnung
B-BSG	Bundes-Bedienstetenschutzgesetz
BGBl	Bundesgesetzblatt
BHygG	Bäderhygienegesetz
BKA	Bundeskanzleramt
BMWA	Bundesministerium für Wirtschaft und Arbeit
BO	Betriebsordnung für den nichtlinienmäßigen Personenverkehr
BSG	Blutsicherheitsgesetz
BSV	Blutspenderverordnung
B-VG	Bundes-Verfassungsgesetz
DSG	Datenschutzgesetz
EFZG	Entgeltfortzahlungsgesetz
EKG	Elektrokardiogramm
EMRK	Europäische Konvention zum Schutze der Menschenrechte und Grundfreiheiten
EStG	Einkommensteuergesetz
FSG	Führerscheingesetz
FSG-DV	Führerscheingesetz-Durchführungsverordnung
FSG-GV	Führerscheingesetz-Gesundheitsverordnung
FSME	Frühsommer-Meningo-Enzephalitis
GewO	Gewerbeordnung

GSVG	Gewerbliches Sozialversicherungsgesetz
GTG	Gentechnikgesetz
HBsAg	Hepatitis-B-surface-Antigen (Hepatitis-B-Oberflächen-Antigen)
HBV	Hepatitis-B-Virus
HIV	human immunodeficiency virus (menschliches Immunschwäche-Virus)
HTLV	Human T-cell-leucaemia Virus
idF	in der Fassung
KAKuG	Krankenanstalten- und Kuranstaltengesetz
KBGG	Kinderbetreuungsgeldgesetz
KFG	Kraftfahrgesetz
LGZ	Landesgericht für Zivilrechtssachen
lit	littera (Buchstabe)
MPG	Medizinproduktegesetz
ÖBIG	Österreichisches Bundesinstitut für Gesundheitswesen
OGH	Oberster Gerichtshof
ÖVE	Österreichischer Verband für Elektrotechnik
RIS	Rechtsinformationssystem
RL	Richtlinie
SanG	Sanitätergesetz
SARS	Schweres Akutes respiratorisches Syndrom
SchOG	Schulorganisationsgesetz
SchUG	Schulunterrichtsgesetz
SMG	Suchtmittelgesetz
SPG	Sicherheitspolizeigesetz
StGB	Strafgesetzbuch
StVO	Straßenverkehrsordnung
UrlG	Urlaubsgesetz
VersVG	Versicherungsvertragsgesetz
VfGH	Verfassungsgerichtshof
vgl	vergleiche
VwGH	Verwaltungsgerichtshof
WHO	World Health Organisation (Weltgesundheitsorganisation)
Z	Ziffer

Kinder und Schule

- Eltern-Rechte
- Eltern-Pflichten
- Medizinische Untersuchungen und Behandlungen
- Piercings und Tätowierungen
- Schulreife
- Fernbleiben von der Schule
- Turnbefreiungen
- Schulärztliche Betreuung
- Gesundheitsaufzeichnungen
- Suchtgiftmissbrauch

Eltern-Rechte und -Pflichten

Die Wahrung der Gesundheit der Kinder gehört zu den elterlichen Pflichten. Aus diesen Pflichten leiten sich aber auch Rechte ab: Eltern dürfen z.B. an ihren Kindern einfache diagnostische und therapeutische Handlungen setzen, die außerhalb dieses Bereichs den Medizinalberufen vorbehalten sind.

Welche Pflichten haben die Eltern betreffend die Gesundheit ihrer Kinder?

Zur Obsorgepflicht der Eltern gehört die „Pflege" (§ 144 ABGB). Die Pflege des minderjährigen Kindes umfasst besonders die Wahrung des körperlichen Wohles und der Gesundheit (§ 146 Abs 1 ABGB). Dazu gehört, Beeinträchtigungen der Gesundheit, aber auch allfällige Entwicklungsstörungen bzw. Behinderungen, wie Bewegungs- oder Sprachstörungen, Störungen der Sinnesfunktionen, rechtzeitig zu erfassen und ärztlich diagnostizieren und gegebenenfalls therapieren zu lassen. Die Befähigung dazu, z.B. das Wissen über die jeweilige Entwicklungsphase des Kindes, müssen sich Eltern auf eigene Verantwortung aneignen. Ein gelegentlich in der allgemeinen Diskussion angedachter „Elternführerschein" ist bis dato noch nicht geplant. Bildungseinrichtungen, Eltern-Kind-Zentren, Familienorganisationen, öffentliche Institutionen sowie zahlreiche private Initiativen bieten aber zur freiwilligen Nutzung Veranstaltungen zur Elternbildung an (www.eltern-bildung.at). Es gilt aber auch Folgendes: Wenn die Eltern durch ihr Verhalten das Wohl des minderjährigen Kindes gefährden, kann die Obsorge durch das Gericht ganz oder teilweise entzogen werden.

Bei Suchtgiftmissbrauch minderjähriger Kinder und Jugendlicher haben die Eltern im Rahmen ihrer Pflicht zur Pflege und Erziehung dafür zu sorgen, dass die Minderjährigen sich den im Suchtmittelgesetz genannten gesundheitsbezogenen Maßnahmen unterziehen (§ 11 Abs 1 SMG). Näheres dazu findet sich im Abschnitt über die Schule.

Mit der Obsorgepflicht gehen auch spezielle Berechtigungen einher: Eltern dürfen auch einfache medizinische Tätigkeiten, die keine medizinisch-wissenschaftliche Ausbildung voraussetzen, an ihren Kindern durchführen. Eltern von minderjährigen Patientinnen und Patienten sind in der Regel berechtigt, Inhalte einer ärztlichen Behandlung – trotz Bestehen der ärztlichen Verschwiegenheitspflicht – zu erfahren. Für Eltern, die als Arbeitnehmer/innen berufstätig sind, ergibt sich aus der Obsorgepflicht ihren Kindern gegenüber eine arbeitsrechtliche Privilegierung. Elterliche Pflichten gelten gegenüber der Arbeitspflicht als höherwertig und rechtfertigen ein Fernbleiben von der Arbeit sogar dann, wenn keine Pflegefreistellung mehr möglich ist.

Was ist der Mutter-Kind-Pass?

Das Mutter-Kind-Pass-Programm dient der gesundheitlichen Vorsorge für Schwangere und Kleinkinder und zur Sicherstellung der medizinischen Grundbetreuung der Schwangeren und des Kindes. Der Mutter-Kind-Pass beinhaltet die im Programm vorgesehenen Untersuchungen während der Schwangerschaft und bis zum fünften Lebensjahr des Kindes. Die Untersuchungen sind bei Inanspruchnahme von Vertragsärztinnen und Vertragsärzten der Krankenversicherungsträger kostenlos. Nicht krankenversicherte Frauen müssen sich vor Inanspruchnahme einer Untersuchung von der Gebietskrankenkasse, die für den Wohnort zuständig ist, einen Anspruchsbeleg ausstellen lassen. Mit diesem Beleg können dann bei einer Vertragsärztin oder einem Vertragsarzt des Krankenversicherungsträgers die jeweiligen vorgesehenen Mutter-Kind-Pass-Untersuchungen kostenlos durchgeführt werden.
Die ersten zehn Mutter-Kind-Pass-Untersuchungen – fünf ärztliche Untersuchungen der Schwangeren und fünf ärztliche Untersuchungen des Kindes – sind wichtig für den Bezug von Kinderbetreuungsgeld nach dem KBGG und müssen dafür auch nachgewiesen werden. Die Nichtdurchführung einer Untersuchung oder von mehreren Untersuchungen, verspätete Untersuchungen sowie das Unterlassen des Nachweises

der Untersuchungen bei der Krankenkasse führen zu einer Halbierung des Kinderbetreuungsgeldes.
Die näheren Bestimmungen finden sich in der Mutter-Kind-Pass-Verordnung, die aufgrund von § 7 Abs 1 Kinderbetreuungsgeldgesetz (KBGG) erlassen wurde.

Darf ich mein Kind mit einer Gipshand mit dem Fahrrad fahren lassen?

Gemäß § 65 StVO muss die Lenkerin oder der Lenker eines Fahrrades (Radfahrer/in) mindestens zwölf Jahre alt sein. Kinder unter zwölf Jahren – wobei es grundsätzlich keine Altersgrenze nach unten gibt! – dürfen ein Fahrrad nur unter Aufsicht einer Person, die das 16. Lebensjahr vollendet hat, oder mit behördlicher Bewilligung lenken. Diese Bewilligung erteilt die Behörde auf Antrag der gesetzlichen Vertreterin oder des gesetzlichen Vertreters des Kindes, wenn das Kind das 10. Lebensjahr vollendet hat und anzunehmen ist, dass es die erforderliche körperliche und geistige Eignung sowie Kenntnisse der straßenpolizeilichen Vorschriften besitzt („Radfahrprüfung"). Die Bewilligung gilt für das ganze Bundesgebiet, sofern nicht eine örtlich eingeschränkte Geltung beantragt wurde. Sie wird unter Bedingungen und mit Auflagen erteilt wie der Verwendung von Rädern bestimmter Größe, wenn es die Verkehrssicherheit erfordert. Die Behörde kann die Bewilligung widerrufen, wenn nachträglich zutage tritt, dass das Kind die erforderliche körperliche oder geistige Eignung nicht besitzt. Im Übrigen bleibt es Sache der Eltern (Erziehungsberechtigten), dafür zu sorgen, dass ihre Kinder auch dann nicht mit dem Fahrrad fahren, wenn sie – obwohl alt genug oder im Besitz einer nicht widerrufenen Radfahrbewilligung – zeitweise nicht die körperliche Eignung dafür besitzen; also z.B. die Gipshand.

Bin ich verpflichtet, dafür zu sorgen, dass mein Kind kein anderes verletzt?

Auch die Aufsicht der Eltern für ihre (spielenden) Kinder ist Teil der elterlichen Pflichten. Die daraus abzuleitende Sorgfalt soll zweierlei bewirken: zum einen, dass den Kindern selbst nichts passiert und zum anderen, dass die Kinder anderen Kindern, sonstigen Personen oder Sachen keinen Schaden zufügen. Eine Haftung für Kinder setzt voraus, dass die gesetzlich oder – bei Fremdbetreuung – vertraglich obliegende Aufsichtspflicht schuldhaft vernachlässigt wurde. Das Maß der Aufsichtspflicht bestimmt sich stets nach dem, was angesichts des Alters, der Eigenschaften und der Entwicklung des Kindes vernünftigerweise verlangt werden kann. Als grobe Richtlinie gilt dabei: Kinder im Vorschulalter sind stets in Blick- und Hörweite zu behalten, Kinder von sechs bis zehn Jahren können bereits ein bis zwei Stunden ohne unmittelbare Aufsicht bleiben, zehn- bis 14-Jährigen kann es gestattet werden, tagsüber durchgehend unbeaufsichtigt zu bleiben. Wer die Aufsichtspflicht nicht verletzt hat, braucht auch nicht für Schäden und Verletzungen zu haften, die das eigene Kind angerichtet hat.

Ab welchem Alter müssen Jugendliche bei medizinischen Untersuchungen und Behandlungen zustimmen?

Grundsätzlich gilt: Einwilligungen in medizinische Behandlungen kann das einsichts- und urteilsfähige Kind nur selbst erteilen; im Zweifel wird das Vorliegen dieser Einsichts- und Urteilsfähigkeit bei mündigen Minderjährigen (ab 14 Jahren) vermutet. Diese Vermutung schließt aber nicht aus, dass auch schon jüngere Minderjährige einsichts- und urteilsfähig sein können. Mangelt es aber an der notwendigen Einsichts- und Urteilsfähigkeit, so ist die Zustimmung der Eltern erforderlich. Willigt ein einsichts- und urteilsfähiges minderjähriges Kind in eine Behandlung ein, die gewöhnlich mit einer schweren oder nachhaltigen Beeinträchtigung der körperlichen Unversehrtheit oder der Persönlichkeit verbunden ist, so darf die Behandlung nur vorgenommen werden, wenn auch die Eltern zustimmen. Von all dem gibt es eine wichtige Ausnahme für gefährliche Situationen: Die Einwilligung des einsichts- und urteilsfähigen Kindes sowie die Zustimmung der Eltern sind nicht erforderlich, wenn die Behandlung so dringend notwendig ist, dass der mit der Einholung der Einwilligung oder der Zustimmung verbundene Aufschub das Leben des Kindes gefährden würde oder mit der Gefahr einer schweren Schädigung der Gesundheit verbunden wäre (§ 146c ABGB).

Weder ein minderjähriges Kind noch die Eltern können in eine medizinische Maßnahme, die eine dauernde Fortpflanzungsunfähigkeit des minderjährigen Kindes zum Ziel hat, einwilligen (§ 146d ABGB). Von dieser Regelung nicht betroffen sind Heilbehandlungen, bei deren Vornahme der Eintritt der dauernden Fortpflanzungsunfähigkeit als notwendige Begleiterscheinung auftritt. Wenn z.B. wegen eines bösartigen Tumors die Gebärmutter oder der Hoden entfernt werden muss, hat die medizinische Behandlung nicht die Herbeiführung der Fortpflanzungsunfähigkeit, sondern die Heilung der Krebserkrankung zum Ziel.

Darf ich erfahren, worüber die Ärztin oder der Arzt mit meinem Kind gesprochen hat?

Bei minderjährigen Patientinnen und Patienten entsteht eine rechtlich schwierige Situation. Das Informationsrecht der Eltern steht nämlich dem Geheimnisschutz der oder des Minderjährigen gegenüber. Das ist in der Praxis vor allem dort relevant, wo Behandlungen die Intimsphäre von Minderjährigen betreffen (z.B. Psychotherapie, psychiatrische oder gynäkologische Behandlungen). Gemäß § 54 Abs 1 Ärztegesetz (ÄrzteG) sind die Ärztin oder der Arzt und ihre bzw. seine Hilfspersonen zur Verschwiegenheit über alle ihnen in Ausübung ihres Berufes anvertrauten oder bekannt gewordenen Geheimnisse verpflichtet. Unter einem Geheimnis sind alle Umstände zu verstehen, die nur einer bestimmten Person oder einem bestimmten (kleineren) Personenkreis bekannt, anderen nicht ohne weiteres zugänglich sind und die nach dem Willen der oder des Betroffenen anderen nicht bekannt werden sollen. Es geht hier also nicht nur um gesundheitsrelevante Daten. Im Zweifel ist die Verschwiegenheitspflicht – auch gegenüber den Eltern – zu erfüllen. Das bedeutet, dass bei einsichts- und urteilsfähigen Minderjährigen die Eltern kein Recht haben, Näheres über den Inhalt der Behandlung zu erfahren. Diese rechtliche Regelung hat durchaus ihren Sinn: In vielen Fällen würden nämlich Minderjährige behandlungsrelevante Informationen für sich behalten, wenn sie nicht sicher gehen könnten, dass ihre Geheimnisse auch den Eltern gegenüber geschützt bleiben. Keine Verschwiegenheitspflicht besteht in der Regel bei unmündigen Minderjährigen, da hier die Behandlungsinformationen für das elterliche Obsorgerecht von Bedeutung sind.

Nicht von der Verschwiegenheitspflicht erfasst sind aber Daten, die für das Vertragsverhältnis zwischen der Auftraggeberin oder dem Auftraggeber der Behandlung (Erziehungsberechtigte) und der Ärztin oder dem Arzt von Bedeutung sind: also z.B. entgeltrelevante Umstände wie Behandlungsart und -dauer etwa bei Wahlärztinnen und Wahlärzten.

Die berufsrechtliche (= verwaltungsrechtliche) Strafbestimmung findet sich in § 199 Abs 3 ÄrzteG: Die Verletzung der Verschwiegenheitspflicht ist mit Geldstrafe bis zu EUR 2.180,– bedroht. Die Offenbarung oder Verwertung eines Geheimnisses, das den Gesundheitszustand einer Person betrifft, kann als „Verletzung von Berufsgeheimnissen" auch ein gerichtlich strafbarer Tatbestand gemäß § 121 Abs 1 StGB sein und würde dann mit einer Freiheitsstrafe bis zu sechs Monaten oder mit einer Geldstrafe bis zu 360 Tagessätzen bestraft werden.

Was dürfen wir als Eltern selbst tun, wenn unser Kind krank ist?

Eltern dürfen einfache medizinische Tätigkeiten, die keine medizinisch-wissenschaftliche Ausbildung voraussetzen, an ihren Kindern durchführen, wie z.B. Fiebermessen, orale Verabreichung von Medikamenten nach ärztlicher Verschreibung, einfache Wundversorgung, ohne mit dem im Ärztegesetz geregelten Ärztevorbehalt – Medizin darf grundsätzlich nur von Ärztinnen und Ärzten ausgeübt werden – in Konflikt zu geraten. Die Grenzen solcher Tätigkeiten liegen dort, wo die Laien-Fähigkeiten typischerweise ihr Ende finden.

Für darüber hinaus gehende Tätigkeiten müssen Eltern von der behandelnden Ärztin oder vom behandelnden Arzt eine Berechtigung nach § 50a ÄrzteG einholen. Die Regierungsvorlage zur 5. Ärztegesetz-Novelle (BGBl I 2003/140) nennt folgende Beispiele:

- Vornahme von Infusionen im Zuge einer intravenösen Antibiotika-Therapie an ärztlich gesetzten Venenzugängen durch Eltern bei ihren an cystischer Fibrose erkrankten Kindern.
- Injektion von Insulin und Messung des Blutzuckerspiegels bei Diabetes-Patientinnen und Patienten.

Die Übertragung einzelner ärztlicher Tätigkeiten im Einzelfall an Laien ist in § 50a Abs 1 ÄrzteG im Detail geregelt. Die Ärztin oder der Arzt kann im Einzelfall einzelne ärztliche Tätigkeiten an Angehörige der Patientin oder des Patienten, Personen, in deren Obhut die Patientin oder der Patient steht, oder an Personen, die zur Patientin oder zum Patienten in einem örtlichen und persönlichen Naheverhältnis stehen, übertragen, sofern sich die Patientin oder der Patient nicht in einer Einrichtung, die der medizinischen oder psychosozialen Behandlung, Pflege oder Betreuung dient, befindet. Vor der Übertragung muss die Ärztin oder der Arzt der Person, an die die Übertragung erfolgen soll, die erforderliche Anleitung und Unterweisung erteilen und sich vergewissern, dass diese über die erforderlichen Fähigkeiten verfügt. Die Ärztin oder der Arzt hat auf die Möglichkeit der Ablehnung der Übertragung der in Frage kommenden ärztlichen Tätigkeiten gesondert hinzuweisen. Für komplexe Tätigkeiten mit hohem Gefahrenpotenzial, bei denen eine fachgerechte Durchführung durch einen medizinischen Laien nicht erwartet werden kann (Extrembeispiele Operationen) wäre eine Übertragung unzulässig.

Piercings und Tätowierungen

Unter Piercen wird das Durchstechen der Haut zwecks Anbringung von Schmuck verstanden. Tätowieren ist das Einfügen von Farbstoffen in die menschliche Haut oder Schleimhaut zu dekorativen Zwecken. Beides kann zu ernsten Meinungsverschiedenheiten zwischen Kindern bzw. Jugendlichen und deren Eltern führen. Die Intensität dieser Eingriffe in die körperliche Integrität macht auch gesetzliche Regelungen dazu notwendig.

Wer darf Piercings und Tattoos anbringen?

Piercen und Tätowieren sind gewerberechtlich dem Gewerbe der Kosmetik (Schönheitspflege) (§ 94 Z 42 GewO) vorbehalten (§ 109 Abs 3 GewO). Freilich kann man sich auch bei einer Ärztin oder einem Arzt piercen lassen; bestimmte Piercings dürfen sogar nur durch eine Ärztin oder einen Arzt durchgeführt werden. Denn für das Piercen durch Kosmetik-Institute gibt es gesetzliche Beschränkungen (§ 109 Abs 4 GewO): Diese dürfen nur an Hautfalten, verknorpelten Stellen des Ohres oder des Nasenflügels oder an der Zunge vor dem Zungenbändchen piercen, sofern dazu ein Gerät verwendet wird, das höchstens zwei Millimeter durchmessend in die Haut eindringt und keine strich- oder flächenförmigen Verletzungen oder Vernarbungen verursacht.
Zum Tätowieren, dem Einfügen von Farbstoffen in die menschliche Haut oder Schleimhaut zu dekorativen Zwecken, zählt auch das Anbringen von Permanent-Make-Up.

Wie läuft das rechtlich korrekt ab?

Eine Verordnung des Bundesministers für Wirtschaft und Arbeit über Ausübungsregeln für das Piercen und Tätowieren durch Kosmetik(Schönheitspflege)-Gewerbetreibende, die aufgrund des § 69 Abs 1 GewO ergangen ist, regelt im Detail u. a. Folgendes:

- Piercen und Tätowieren bedürfen der rechtswirksamen schriftlichen Einwilligung der zu piercenden oder der zu tätowierenden Person. Das Piercen von Minderjährigen (= unter 18 Jahren) bedarf zusätzlich der rechtswirksamen schriftlichen Einwilligung der mit der Pflege und Erziehung der oder des Minderjährigen betrauten Person.

- Handelt es sich bei der zu piercenden Person um eine/n mündige/n Minderjährige/n (= Jugendliche von 14 bis 18 Jahren), entfällt die Einwilligungspflicht, wenn zu erwarten ist, dass die gepiercte Stelle innerhalb von 24 Tagen heilt.
- Das Tätowieren von minderjährigen Personen ist verboten. Auch eine Einverständniserklärung der Eltern kann zu keiner Ausnahme führen.
- Vor Einholung der schriftlichen Einwilligung sind die zu piercende Person, gegebenenfalls zusätzlich die mit der Pflege und Erziehung der oder des Minderjährigen betraute Person, oder die zu tätowierende Person über die mit dem Piercen und Tätowieren verbundenen Risken aufzuklären. Eine schriftliche Bestätigung über die erfolgte Aufklärung hat zu erfolgen.
- Im Falle von Komplikationen nach dem erfolgten Pierc- bzw. Tätowiervorgang ist der oder dem Betroffenen das Aufsuchen einer Ärztin oder eines Arztes anzuraten.
- Eine Aufklärung hat insbesondere über die erforderliche Nachbehandlung der gepiercten bzw. tätowierten Körperregion, mögliche unerwünschte Reaktionen nach Vornahme des Piercings oder der Tätowierung, wie z.B. allergische und entzündliche Reaktionen, sowie die Möglichkeit zur Entfernung des Piercings und der Tätowierung und der damit verbundenen Gefahren zu erfolgen.
- Piercings und Tätowierungen dürfen nur vorgenommen werden, wenn kein Hinweis auf eine dem Piercen und Tätowieren entgegenstehende Kontraindikation vorliegt. Hinsichtlich möglicher Kontraindikationen, wie etwa Hämophilie, Diabetes, Hepatitiden, HIV, Hautkrankheiten, Ekzeme, Allergien, angeborene Immundefizienzerkrankungen, andere Ursachen einer Immunsuppression, Autoimmunerkrankungen, Blutverdünnungstherapie, Geschlechtskrankheiten, fieberhafte Infekte, ist aufzuklären

und hat eine schriftliche Bestätigung der erfolgten Aufklärung seitens der zu piercenden oder tätowierenden Person bzw. erforderlichenfalls der oder des Erziehungsberechtigten der minderjährigen Person zu erfolgen.

- Die Einholung der schriftlichen Einwilligung bzw. Bestätigung, sowie eine Kurzbeschreibung der erbrachten Leistung und die Chargennummern der verwendeten Farben und Stoffe sind zu dokumentieren und über einen Zeitraum von zehn Jahren verfügbar zu halten. Eine Kopie der genannten Dokumente ist der Kundin oder dem Kunden auszufolgen.
- Das Eingriffsgebiet ist so weit freizulegen, dass eine Kontamination durch Kleidungsstücke zuverlässig vermieden wird.
- Der unmittelbare Eingriffsbereich und seine Umgebung sind bakterizid, fungizid und virozid-wirksam mit einem geeigneten Hautdesinfektionsmittel zu desinfizieren bzw. vorher nötigenfalls zu reinigen.
- Alle Implantate müssen steril, nicht allergisierend, gut verträglich und nicht toxisch sein.
- Bei Bedarf ist ein steriler Verband oder ein Wundschnellverband anzulegen.
- Der Eingriff ist in geeigneter Form und dauerhaft zu dokumentieren.
- Eine geeignete Nachsorge und Behandlung, gegebenenfalls die Überweisung in eine entsprechende Klinik oder Praxis (bei Komplikationen), muss jederzeit – auch nachts – sichergestellt sein.

Stimmt es, dass ich als Tätowierte/r nicht Blut spenden darf?

Personen, die sich einer Tätowierung unterzogen haben, und Personen, die sich außerhalb medizinischer Einrichtungen Ohren, Nase oder andere Körperstellen durchstechen ließen (Piercing) sind gemäß § 6 Abs 2 Z 10 und 11 Blutspenderverordnung (BSV) für die Dauer von zwölf Monaten nach diesen Ereignissen vom Blutspenden ausgeschlossen.

In der Schule

Beim Themenkomplex Schule und Gesundheit geht es einerseits um die schulärztliche Betreuung der Kinder und Jugendlichen und andererseits um Krankheit als Rechtfertigungsgrund für eine Befreiung vom Schulbesuch oder ein Fernbleiben vom Unterricht.

Wer beurteilt die Schulreife meines Kindes?

Ein Kind wird mit 1. September nach Vollendung des 6. Lebensjahres schulpflichtig. D.h. für jene Kinder, die bis zum 31. August eines Jahres ihr 6. Lebensjahr vollendet haben, beginnt mit September dieses Jahres die Schulpflicht.
Die Aufnahme in die Volksschule zu Beginn der Schulpflicht ist grundlegend in § 6 Schulpflichtgesetz geregelt. Die schulpflichtig gewordenen Kinder sind von ihren Eltern oder sonstigen Erziehungsberechtigten zur Einschreibung anzumelden. Die Frist für die Einschreibung, die spätestens fünf Monate vor Beginn der Hauptferien zu enden hat, wird vom Landesschulrat durch Verordnung festgesetzt. Die Einschreibung muss direkt bei jener Volksschule erfolgen, die das Kind besuchen soll. Das Kind sollte zur Anmeldung mitgenommen werden.
Nach der sehr allgemein gehaltenen Definition des § 2b Schulpflichtgesetz ist ein Kind dann schulreif, wenn angenommen werden kann, dass es dem Unterricht in der ersten Schulstufe zu folgen vermag, ohne körperlich oder geistig überfordert zu werden.
§ 2c Schulpflichtgesetz sieht zur Feststellung der Schulreife folgende Vorgangsweise vor: Wenn die Schule Zweifel an der Schulreife hat oder die Eltern oder sonstigen Erziehungsberechtigten eine Überprüfung der Schulreife verlangen, muss die Schulleitung darüber entscheiden. Vor der Entscheidung ist erforderlichenfalls ein schulärztliches Gutachten einzuholen. Wenn dies die Eltern oder sonstigen Erziehungsberechtigten des Kindes verlangen oder es zur Feststellung der Schulreife erforderlich erscheint und diese zustimmen, ist auch ein schulpsychologisches Gutachten einzuholen. Die

Entscheidung muss den Eltern oder sonstigen Erziehungsberechtigten unverzüglich unter Angabe der Gründe und der Rechtsmittelbelehrung schriftlich bekannt gegeben werden. Gegen diese Entscheidung ist die Berufung an die Schulbehörde erster Instanz zulässig. Die Berufung ist schriftlich innerhalb von zwei Wochen bei der Schule einzubringen und hat einen begründeten Berufungsantrag zu enthalten. Gegen die Entscheidung der Schulbehörde erster Instanz ist kein ordentliches Rechtsmittel zulässig. Möglich sind dann nur mehr Beschwerden bei den Gerichtshöfen des öffentlichen Rechts (Verwaltungs- und Verfassungsgerichtshof).

Was passiert mit nicht schulreifen Kindern?

Schulpflichtig gewordene Kinder, die nicht schulreif sind, werden in die Vorschulstufe aufgenommen (§ 2d Schulpflichtgesetz). Gemäß § 9 Abs 1 SchOG hat die Volksschule in der Vorschulstufe jene Kinder, die in dem betreffenden Kalenderjahr schulpflichtig geworden sind, jedoch noch nicht die Schulreife besitzen, und ebenso jene Kinder, deren vorzeitige Aufnahme in die 1. Schulstufe widerrufen wurde, im Hinblick auf die für die 1. Schulstufe erforderliche Schulreife zu fördern, wobei die soziale Integration behinderter Kinder zu berücksichtigen ist.
Der vorzeitige Schulbesuch ist in § 7 Schulpflichtgesetz detailliert geregelt.
Aktuelles zum Schulrecht findet sich auch im Österreichischen Schulportal *www.schule.at*, einer Einrichtung des Unterrichtsministeriums.

Wann kann ein Kind bzw. ein/e Jugendliche/r von der Schule befreit werden?

Die Befreiung schulpflichtiger Kinder vom Schulbesuch regelt § 15 Schulpflichtgesetz. Sofern medizinische Gründe dem Besuch der Schule entgegenstehen oder dieser dadurch zu einer für die Schülerin oder den Schüler unzumutbaren Belastung würde, ist die Schülerin oder der Schüler für die unumgänglich notwendige Dauer vom Besuch der Schule zu befreien. Bei einer voraussichtlich über die Dauer eines Semesters hinausgehenden Zeit der Befreiung muss der Bezirksschulrat die Eltern oder sonstigen Erziehungsberechtigten des Kindes darüber beraten, welche Fördermöglichkeiten außerhalb der Schule bestehen.

Wann kann eine Schülerin oder ein Schüler vom Turnen befreit werden?

Das ist im Schulunterrichtsgesetz genau geregelt: Auf Ansuchen der Schülerin oder des Schülers – oder auch von Amts wegen – muss die Schulleitung sie oder ihn von der Teilnahme an einzelnen Pflichtgegenständen und verbindlichen Übungen befreien, wenn eine Teilnahme aus gesundheitlichen Gründen nicht möglich ist. Die Schulleitung kann im Zweifelsfall hiefür die Vorlage eines ärztlichen Zeugnisses verlangen (§ 11 Abs 6 SchUG).

Was sind die Aufgaben der Schulärztin und des Schularztes?

Die schulärztliche Betreuung und die Schulgesundheitspflege sind im 15. Abschnitt des Schulunterrichtsgesetzes geregelt. Schulärztinnen und -ärzte haben die Aufgabe, die Lehrer/innen in gesundheitlichen Fragen der Schüler/innen, soweit sie den Unterricht und den Schulbesuch betreffen, zu beraten und die hiefür erforderlichen Untersuchungen der Schüler/innen durchzuführen (§ 66 Abs 1 SchUG). Die Schüler/innen sind verpflichtet, sich – abgesehen von einer allfälligen Aufnahmeuntersuchung – einmal im Schuljahr einer schulärztlichen Untersuchung zu unterziehen. Darüber hinaus sind Untersuchungen mit Zustimmung der Schülerin oder des Schülers möglich. Sofern bei Untersuchungen gesundheitliche Mängel festgestellt werden, ist die Schülerin oder der Schüler hievon von der Schulärztin oder vom Schularzt in Kenntnis zu setzen (§ 66 Abs 2 SchUG). Will man sich über eine Schulärztin oder einen Schularzt beschweren, ist der Landesschulrat die richtige Anlaufstelle. Denn dessen Schulaufsicht umfasst auch die schulmedizinischen Angelegenheiten der ihm unterstehenden Schulen.
Bisweilen wurde kritisiert, dass für die alljährliche schulärztli-

che Untersuchung aller Schüler/innen einer Schule naturgemäß nur sehr wenig Zeit pro Schüler/in zur Verfügung steht. Überlegt wurde auch, ob und inwieweit dem schulärztlichen Dienst ein gesetzlicher Kurativauftrag zukommen sollte, Schulärztinnen und -ärzte die Schüler/innen also auch therapeutisch behandeln dürften.
Insoweit bei Lehrer/innen-Konferenzen oder Sitzungen des Klassen- und Schulforums bzw. des Schulgemeinschaftsausschusses Angelegenheiten des Gesundheitszustandes von Schülerinnen und Schülern oder Fragen der Gesundheitserziehung behandelt werden, sind die Schulärztinnen und -ärzte zur Teilnahme an den genannten Konferenzen bzw. Sitzungen mit beratender Stimme einzuladen (§ 66 Abs 3 SchUG).

Führen die Schulen Aufzeichnungen über den Gesundheitszustand der Kinder?

Gemäß § 77 lit a SchUG sind Gesundheitsblätter zu führen und aufzubewahren. Die Festlegung der Aufbewahrungsfristen für die Gesundheitsblätter obliegt dem zuständigen Landesschulrat (§ 4 der Verordnung des Bundesministers für Unterricht und Kunst vom 11. August 1978, BGBl 1978/499, über die Aufbewahrungsfristen von in den Schulen zu führenden Aufzeichnungen). Die Aufbewahrungsfrist beträgt meist zehn Jahre. Sie beginnt üblicher Weise mit Beendigung des Schulbesuchs der Schülerin oder des Schülers an der jeweiligen Schule zu laufen. Nach Ablauf der Aufbewahrungsfrist werden die Gesundheitsblätter vernichtet. Die zehnjährige Aufbewahrungsfrist deckt sich mit der Bestimmung des § 51 Abs 3 ÄrzteG, wonach ärztliche Aufzeichnungen mindestens zehn Jahre aufzubewahren sind.
Es existiert für jede Schülerin und jeden Schüler ein Gesundheitsblatt. Der Umfang der Eintragungen hängt von der Schulärztin oder dem Schularzt ab. Die Gesundheitsblätter enthalten aber jedenfalls persönliche und nicht nur anonymisierte statistische Daten. Insoweit die Gesundheitsblätter die anlässlich der schulärztlichen Untersuchungen erhobenen Befunde enthalten, unterliegen sie der ärztlichen Verschwiegenheits-

pflicht. Gemäß § 54 Abs 1 ÄrzteG sind nämlich die Ärztinnen und Ärzte selbst, aber auch ihre Hilfspersonen zur Verschwiegenheit über alle ihnen in Ausübung ihres Berufes anvertrauten oder bekannt gewordenen Geheimnisse verpflichtet. Als Hilfspersonen im Sinne dieser Gesetzesbestimmung ist in erster Linie an Sprechstundenhilfen in der ärztlichen Praxis zu denken. Darüber hinaus ist aber jede sonstige Hilfstätigkeit für eine Ärztin oder einen Arzt erfasst, somit auch die Archivierung der Gesundheitsblätter durch die Schuldirektion.
Verwenden dürfen die Gesundheitsblätter somit nur die Schulärztinnen oder die Schulärzte selbst und deren Hilfspersonen. Die Blätter können allerdings an die betroffenen Schüler/innen – nach Ablauf der vom Landesschulrat festgelegten Aufbewahrungsfrist – ausgegeben werden. Unabhängig vom Auslaufen dieser Frist können die auf dem Gesundheitsblatt aufscheinenden medizinischen Daten der Schülerin oder dem Schüler jederzeit bekannt gegeben werden. Dies gilt unabhängig davon, ob gesundheitliche Mängel festgestellt wurden – dann besteht ja die gesetzliche Pflicht gemäß § 66 Abs 2 SchUG zur Information. Auch die direkte Einsichtnahme in das Gesundheitsblatt kann nicht verweigert werden.

Dürfen in der Schule erhobene Gesundheitsdaten an andere Schulen weitergegeben werden?

Die Weitergabe der auf den Gesundheitsblättern aufscheinenden Daten an andere Schulen unterliegt datenschutzrechtlichen Beschränkungen. § 1 Abs 1 und 2 des Datenschutzgesetzes (DSG) räumt jeder Person – und daher auch jeder Schülerin und jedem Schüler – ein Grundrecht auf Datenschutz ein. Konkret gibt § 1 Abs 1 DSG jeder Person einen Anspruch auf Geheimhaltung ihrer personenbezogenen Daten, soweit daran ein schutzwürdiges Interesse besteht. Ein schutzwürdiges Interesse liegt insbesondere in der Achtung des Privat- und Familienlebens. Das Recht auf Geheimhaltung personenbezogener Daten – gesundheitsbezogene Daten fallen jedenfalls unter diese Kategorie – darf nur durchbrochen werden, wenn berechtigte Interessen anderer Personen – nicht aber staatlicher

Institutionen – zu wahren oder die Vorgaben von Art 8 Abs 2 der Europäischen Konvention zum Schutze der Menschenrechte und Grundfreiheiten (EMRK) erfüllt sind. Nach dieser Bestimmung wäre eine Weitergabe medizinischer Daten der Schulgesundheitspflege an andere Schulen nur zulässig, wenn sie gesetzlich vorgesehen ist und eine Maßnahme darstellt, die in einer demokratischen Gesellschaft zum Schutz der Gesundheit notwendig ist. Da schon eine schulgesetzliche Ermächtigung zur Weitergabe fehlt, müssen die im Zusammenhang mit schulärztlichen Untersuchungen erfassten Daten bis zum Ende der Aufbewahrungsfrist an der Schule verbleiben und dürfen an andere Schulen nicht weitergegeben werden. Die einzige Ausnahme: Wenn eine Einverständniserklärung der volljährigen Schülerin oder des volljährigen Schülers bzw. ansonsten der Erziehungsberechtigten vorliegt.

Welche Krankheiten rechtfertigen ein Fernbleiben von der Schule?

§ 45 SchUG regelt das Fernbleiben vom Unterricht. Es ist nur zulässig bei einer Erlaubnis, bei Befreiung von der Teilnahme an einzelnen Unterrichtsgegenständen (§ 11 Abs. 6 SchUG) und bei gerechtfertigter Verhinderung (§ 45 Abs 1 SchUG).

Eine gerechtfertigte Verhinderung ist insbesondere:

- Krankheit der Schülerin oder des Schülers
- mit der Gefahr der Übertragung verbundene Krankheit von Hausangehörigen der Schülerin oder des Schülers
- Krankheit der Eltern oder anderer Angehöriger, wenn sie vorübergehend der Hilfe der Schülerin oder des Schülers unbedingt bedürfen
- außergewöhnliche Ereignisse im Leben oder in der Familie der Schülerin oder des Schülers
- Ungangbarkeit des Schulweges oder schlechte Witterung, wenn die Gesundheit der Schülerin oder des Schülers dadurch gefährdet ist
- Dauer der Beschäftigungsverbote im Sinne der Bestimmungen über den Mutterschutz (§ 45 Abs 2 SchUG).

Nicht jede Unpässlichkeit ist eine Krankheit im Sinne des SchUG. Eine das Fernbleiben rechtfertigende Krankheit liegt dann vor, wenn durch die physische Beeinträchtigung der Schülerin oder des Schülers die Teilnahme am Unterricht unzumutbar ist (VwGH 19.10.1987, 87/10/0135).
Gemäß § 45 Abs 3 SchUG müssen Schüler/innen den Klassenvorstand oder die Schulleiterin bzw. den Schulleiter von jeder Verhinderung ohne Aufschub mündlich oder schriftlich unter Angabe des Grundes benachrichtigen. Auf Verlangen muss dies schriftlich geschehen. Ab der 9. Schulstufe können Schüler/innen diese Verständigung auch selbst unterschreiben, sofern die Kenntnisnahme durch die Erziehungsberechtigten nachgewiesen wird. Das ergibt sich aus § 68 SchUG, der mit „Handlungsfähigkeit des nichteigenberechtigten Schülers" überschrieben ist. Schüler/innen sind danach in bestimmten, im Gesetz aufgezählten Angelegenheiten, wie z.B. Turnbefreiungsansuchen, Benachrichtigungen von einer Verhinderung am Schulbesuch, Ansuchen um Erteilung der Erlaubnis zum Fernbleiben von der Schule, zum selbständigen Handeln befugt. Die Erziehungsberechtigten können durch Erklärung dem Klassenvorstand gegenüber auf die Kenntnisnahme in allen oder einzelnen Angelegenheiten schriftlich verzichten, diesen Verzicht jedoch jederzeit schriftlich widerrufen.

Darf die Schule für „Entschuldigungen" ein ärztliches Attest verlangen?

Bei einer länger als eine Woche dauernden Erkrankung oder Erholungsbedürftigkeit oder bei häufigerem krankheitsbedingtem kürzerem Fernbleiben kann der Klassenvorstand oder die Schulleiterin bzw. der Schulleiter die Vorlage eines ärztlichen Zeugnisses verlangen, sofern Zweifel darüber bestehen, ob eine Krankheit oder Erholungsbedürftigkeit gegeben war (§ 45 Abs 3 SchuG).
Benachrichtigungen („Entschuldigungen") fallen als Eingaben in Unterrichtsangelegenheiten unter die Gebühren- und Verwaltungsabgabenfreiheit gemäß § 80 SchUG. Das trifft auch für die dafür notwendigen ärztlichen Zeugnisse zu.

Muss der Schule eine Diagnose bekannt gegeben werden bzw. darf die Schule mein Kind zur Schulärztin oder zum Schularzt schicken?

Die Aufnahme einer Diagnose in ein derartiges ärztliches Zeugnis ist gesetzlich nicht vorgesehen und darf daher von der Schule auch nicht verlangt werden. Schüler/innen dürfen grundsätzlich nicht zur Kontrolle ärztlicher Zeugnisse der Schulärztin oder dem Schularzt vorgeführt werden.

Eine Ausnahme folgt aus dem Suchtmittelrecht:
Wenn auf Grund bestimmter Tatsachen anzunehmen ist, dass eine Schülerin oder ein Schüler Suchtgift missbraucht, eine bloße Vermutungen oder ein vager Verdacht reichen nicht aus, so muss die Leiterin oder der Leiter der Schule sie oder ihn zu einer schulärztlichen Untersuchung schicken. Prophylaktische Drogentests im Rahmen der allgemeinen schulärztlichen Untersuchungen wären jedoch unzulässig. Der schulpsychologische Dienst ist erforderlichenfalls beizuziehen. Schulen im Sinne dieser Bestimmungen sind die öffentlichen und privaten Schulen gemäß SchOG, die öffentlichen land- und forstwirtschaftlichen Schulen sowie alle anderen Privatschulen. Schulärztinnen und -ärzte werden im Rahmen dieser Untersuchungen als Amtssachverständige tätig und müssen ein schriftliches Gutachten, ob Suchtgiftmissbrauch vorliegt und wenn ja, welche gesundheitsbezogenen Maßnahmen nötig wären, erstellen. Aus der Untersuchung können sich also gesundheitsbezogene Maßnahmen (§ 11 Abs 2 SMG) ergeben, z.B.:

- eine ärztliche Überwachung des Gesundheitszustands
- eine ärztliche Behandlung einschließlich der Entzugs- und Substitutionsbehandlung
- eine klinisch-psychologische Beratung und Betreuung
- eine Psychotherapie oder eine psychosoziale Beratung und Betreuung durch qualifizierte und mit Fragen des Suchtmittelmissbrauchs hinreichend vertraute Personen.

Die Schüler/innen müssen sich dann gemäß § 11 Abs 1 SMG diesen gesundheitsbezogenen Maßnahmen unterziehen. Dies

allerdings nur dann, wenn sie notwendig und zweckmäßig, ihnen nach den Umständen möglich und zumutbar und nicht offenbar aussichtslos sind. Bei Minderjährigen haben die Eltern oder anderen Erziehungsberechtigten im Rahmen ihrer Pflicht zur Pflege und Erziehung dafür zu sorgen, dass sie sich solchen Maßnahmen unterziehen (§ 11 Abs 1 SMG). Für die Durchführung gesundheitsbezogener Maßnahmen sind insbesondere die Einrichtungen und Vereinigungen gemäß § 15 SMG heranzuziehen (§ 11 Abs 3 SMG). Das Gesetz (§ 12 Abs 2 SMG) äußert sich auch zu gesundheitsökonomischen Fragen: Bei der Wahl der gesundheitsbezogenen Maßnahme ist das Wohl der Person, insbesondere der therapeutische Nutzen der Maßnahme, zu beachten. Dabei sind die Kosten im Verhältnis zum Erfolg, bei Wahrung der Qualität der Therapie, möglichst gering zu halten. Bei mehreren gleichwertig geeigneten Alternativen ist die ökonomisch günstigste zu wählen.
Wenn die Untersuchung ergibt, dass eine solche gesundheitsbezogene Maßnahme notwendig ist und ist diese nicht sichergestellt, oder wird von der Schülerin oder vom Schüler, den Eltern oder anderen Erziehungsberechtigten die schulärztliche Untersuchung oder die Konsultierung des schulpsychologischen Dienstes verweigert, so muss die Schulleitung anstelle einer Strafanzeige davon die Bezirksverwaltungsbehörde als Gesundheitsbehörde verständigen (§ 13 Abs 1 SMG).

Die verschiedenen Einrichtungen für die Durchführung gesundheitsbezogener Maßnahmen im Bereich der Abhängigkeitserkrankungen sind im Österreichischen Suchthilfekompass *http://suchthilfekompass.oebig.at* zu finden. Es handelt sich dabei um eine Suchmaschine für Beratungs-, Betreuungs- und Behandlungseinrichtungen, die im Auftrag des Bundesministeriums für Gesundheit, Familie und Jugend vom Österreichischen Bundesinstitut für Gesundheitswesen in Kooperation mit dem Anton-Proksch-Institut erstellt würde.

Am Arbeitsplatz

- Vorstellungsgespräch
- Gesundheitsgefahren im Betrieb
- Arbeitsmedizinische Betreuung
- Erste Hilfe im Betrieb
- Mobbing
- Arztbesuche
- Krankmeldung
- Krankenstand
- Erholungsurlaub
- Pflegefreistellung

Das Vorstellungsgespräch

Im Zusammenhang mit der Gesundheit ist beim Vorstellungsgespräch die zentrale Rechtsfrage, ob Fragen nach der Gesundheit zulässig sind und ob solche wahrheitsgemäß beantwortet werden müssen.

Sind beim Vorstellungsgespräch Fragen nach meiner Gesundheit zulässig?

Beim Abschluss eines Arbeitsvertrages herrscht Vertragsfreiheit, d.h. jedem Menschen steht es frei, einen Arbeitsvertrag abzuschließen oder auch nicht. Es ist einer Arbeitgeberin oder einem Arbeitgeber auch nicht untersagt, sich durch Fragen ein Bild von der künftigen Arbeitnehmerin oder dem künftigen Arbeitnehmer zu machen. Ebenso kann natürlich auch die Arbeitnehmerin oder der Arbeitnehmer Fragen den künftigen Arbeitsplatz betreffend stellen. Darüber hinaus unterliegen beide Seiten einer vorvertraglichen Aufklärungspflicht. Es besteht zwar keine allgemeine Rechtspflicht, Geschäftspartner/innen über alle Umstände aufzuklären, die auf ihre Entscheidung Einfluss haben könnten; es wird eine solche Pflicht laut OGH aber dann angenommen, wenn die andere Person nach den Grundsätzen des redlichen Geschäftsverkehrs eine Aufklärung erwarten darf. Das bedeutet: Die Arbeitnehmerin oder der Arbeitnehmer muss in einem solchen Fall die potenzielle Arbeitgeberin oder den potenziellen Arbeitgeber von sich aus über alle Umstände informieren, die gegen einen Vertragsabschluss sprechen könnten – z.B. eine Krankheit, die demnächst einen längeren Krankenhaus- oder Kuraufenthalt mit sich bringen wird, eine Behinderung, wegen der man eine bestimmte Tätigkeit nicht ausführen wird können, eine ansteckende Krankheit, die Gefahr für die Gesundheit anderer Personen mit sich brächte usw. Die Zuckerkrankheit einer Berufskraftfahrerin oder eines Berufskraftfahrers etwa könnte ein Einstellhindernis sein. Ebenso muss die Arbeitgeberin oder der Arbeitgeber der potenziellen Arbeitnehmerin oder dem potenziellen Arbeitnehmer von sich aus Auskünfte erteilen, die gegen einen Vertragsabschluss sprechen, z.B. wenn die Arbeit allgemein die Gesundheit gefährden könnte oder für die konkrete sich interessierende Person wegen ihrer speziellen Gesundheitsprobleme unpassend wäre. Auf entsprechende Fragen der Gesprächspartnerin oder des Gesprächspartners müssen in diesen Fällen wahrheitsgemäße Antworten gegeben werden. Auch eigene Informationen können Auskunftspflichten der Gegenseite hervorrufen. Dies sei an einem Beispiel verdeutlicht: Wenn eine sich für einen Arbeitsplatz interessierende Person Bandscheibenprobleme bekannt gibt, erwächst daraus für die Arbeitgeberin oder den Arbeitgeber im Vorstellungsgespräch die Pflicht zur Information darüber, ob in diesem Job schwere Lasten zu tragen oder zu heben sind.

Darf ich beim Vorstellungsgespräch falsche Angaben über meinen Gesundheitszustand machen?

Das genannte Fragerecht hat aber Grenzen. Informationen, die für das neue Beschäftigungsverhältnis keine Bedeutung haben, brauchen nicht gegeben zu werden. Fragestellungen dürfen auch nicht in die Persönlichkeitsrechte oder die Intimsphäre der befragten Person, z.B. die sexuelle Orientierung, eingreifen. Gesundheitsbezogene Fragen wie „Sind Sie schwanger?“, „Treiben Sie Gesundheitssport?“, „Welche Krankheiten haben Sie?“ oder „Wie oft waren Sie im letzten Jahr krank?“ sind daher grundsätzlich unzulässig und dürfen daher auch unrichtig beantwortet werden. Zulässig wären gesundheitsbezogene Fragen nur bei Arbeitsplätzen, wo eine ärztliche Untersuchung gesetzlich vorgeschrieben ist, wie z.B. bei Gesundheitsberufen oder dann, wenn sie in einem direkten Zusammenhang mit den Arbeitsplatzanforderungen stehen. Wenn z.B. ein Arbeitsplatz zu vergeben ist, bei dem ein Austausch von Körperflüssigkeiten zwischen Menschen wahrscheinlich ist, müsste die Frage nach einer HIV-Infektion wahrheitsgemäß beantwortet werden.

Ein gesetzliches Ermittlungsverbot gibt es für genanalytische Daten. Die Untersuchung der Körperzelle als Träger vielfältiger Informationen über einen Menschen erlaubt in vielen

Fällen schon nach dem heutigen Wissensstand der sich sehr dynamisch entwickelnden Gentechnologie Aussagen über Erkrankungen, die sich möglicherweise auch erst in Zukunft manifestieren können. Auch das Verhalten eines Menschen ist höchstwahrscheinlich genetisch mitbestimmt. Deshalb wäre ein solches Datenmaterial für Arbeitgeber/innen durchaus von Interesse. Dagegen sieht § 67 Gentechnikgesetz (GTG) ein ausdrückliches Verbot der Datenerhebung vor. Arbeitgeber/innen ist es dieser Bestimmung zufolge untersagt, Ergebnisse von Genanalysen ihrer Arbeitnehmer/innen oder aber auch von Arbeitssuchenden zu erheben, zu verlangen, anzunehmen oder sonst zu verwerten. Von diesem Verbot sind auch das Verlangen nach Abgabe und die Annahme von Körpersubstanz für genanalytische Zwecke umfasst. Durch das Annahmeverbot soll auch die freiwillige Vorlage von Analyseergebnissen von Arbeitssuchenden unterbunden werden. Das Schutzziel dieser Bestimmung ist die genetische Privatsphäre und der Schutz vor Nachteilen, die der einzelnen Person durch eine missbräuchlich empfundene Verwendung genanalytischer Daten auf dem Arbeitsmarkt entstehen könnten. Zur Absicherung des Regelungszweckes sieht § 109 Abs 1 GTG Geldstrafe bis zu 36.300 Euro vor.

Wann muss ich ärztliche Atteste vorlegen?

Weder aus der vorvertraglichen Informationspflicht noch aus dem Arbeitsvertragsrecht ist eine Pflicht zur Vorlage ärztlicher Befunde oder Atteste ableitbar. Die einzige Ausnahme ist die oben genannte: bei Arbeitsplätzen, wo die ärztliche Feststellung der gesundheitlichen Eignung gesetzlich vorgesehen ist, z.B. bei Berufspilotinnen und Berufspiloten. Auch hier dürfen von ärztlicher Seite an das Unternehmen nur die im Gesetz vorgesehenen Gesundheitsdaten, oft auch nur die Feststellung der Eignung oder Nicht-Eignung weitergegeben werden. Darüber hinausgehende Befundergebnisse unterliegen der ärztlichen Verschwiegenheitspflicht.

Arbeitsmedizinische Betreuung und Gesundheitsschutz im Betrieb

Die arbeitsrechtlichen Vorschriften betreffend den Schutz der Gesundheit im Betrieb bestehen vor allem aus den zahlreichen technischen Schutzvorschriften für Arbeitnehmer/innen. Darüber hinaus sind aber auch die Fragen der Gesundheitsüberwachung und der Ersten Hilfe von Bedeutung.

Wodurch bin ich im Betrieb allgemein gegen gesundheitliche Gefahren geschützt?

Zivilrechtlich sind Arbeitgeber/innen im Rahmen ihrer arbeitsrechtlichen Fürsorgepflicht zum Schutz von Leben und Gesundheit ihrer Arbeitnehmer/innen verpflichtet. Verwaltungsrechtlich sind Arbeitgeber/innen gemäß § 3 ArbeitnehmerInnenschutzgesetz (ASchG) verpflichtet, für Sicherheit und Gesundheitsschutz der Arbeitnehmer/innen in Bezug auf alle Aspekte, die die Arbeit betreffen, zu sorgen. Arbeitgeber/innen müssen die zum Schutz des Lebens, der Gesundheit und der Sittlichkeit erforderlichen Maßnahmen, einschließlich der Maßnahmen zur Verhütung arbeitsbedingter Gefahren, treffen. Die Kosten dafür dürfen auf keinen Fall zu Lasten der Arbeitnehmer/innen gehen.

Gemäß § 4 ASchG sind Arbeitgeber/innen verpflichtet, die für die Sicherheit und Gesundheit der Arbeitnehmer/innen bestehenden Gefahren zu ermitteln und zu beurteilen. Dabei sind insbesondere zu berücksichtigen:

- Die Gestaltung und die Einrichtung der Arbeitsstätte.
- Die Gestaltung und der Einsatz von Arbeitsmitteln.
- Die Verwendung von Arbeitsstoffen.
- Die Gestaltung der Arbeitsplätze.
- Die Gestaltung der Arbeitsverfahren und Arbeitsvorgänge und deren Zusammenwirken.
- Der Stand der Ausbildung und Unterweisung der Arbeitnehmer/innen.

Bei der Ermittlung und Beurteilung der Gefahren müssen auch besonders gefährdete oder schutzbedürftige Arbeitnehmer/innen, sowie die Eignung der Arbeitnehmer/innen im Hinblick auf Konstitution, Körperkräfte, Alter und Qualifikation berücksichtigt werden. Auf der Grundlage dieser Ermittlung und Beurteilung der Gefahren sind dann die durchzuführenden Maßnahmen zur Gefahrenverhütung festzulegen. Dabei sind auch Vorkehrungen für absehbare Betriebsstörungen und für Not- und Rettungsmaßnahmen zu treffen. Diese Maßnahmen müssen in alle Tätigkeiten und auf allen Führungsebenen einbezogen werden. Schutzmaßnahmen müssen soweit wie möglich auch bei menschlichem Fehlverhalten wirksam sein.

Darf ich im Betrieb gesundheitsgefährdend eingesetzt werden?

Gemäß § 6 ASchG müssen Arbeitgeber/innen bei der Übertragung von Aufgaben an Arbeitnehmer/innen deren Eignung in Bezug auf Sicherheit und Gesundheit berücksichtigen. Dabei ist insbesondere auf Konstitution und Körperkräfte, Alter und Qualifikation Rücksicht zu nehmen. Auch müssen Arbeitgeber/innen durch geeignete Maßnahmen dafür sorgen, dass nur jene Arbeitnehmer/innen Zugang zu Bereichen mit erheblichen oder spezifischen Gefahren haben, die zuvor ausreichende Anweisungen erhalten haben. Arbeitnehmer/innen, von denen der Arbeitgeberin oder dem Arbeitgeber bekannt ist, dass sie an körperlichen Schwächen oder an Gebrechen in einem Maße leiden, dass sie dadurch bei bestimmten Arbeiten einer besonderen Gefahr ausgesetzt wären oder andere Arbeitnehmer/innen gefährden könnten, dürfen mit Arbeiten dieser Art nicht beschäftigt werden. Dies gilt insbesondere für Anfallsleiden, Krämpfe, zeitweilige Bewusstseinstrübungen, Beeinträchtigungen des Seh- oder Hörvermögens und schwere Depressionszustände. Arbeitnehmerinnen dürfen mit Arbeiten, die infolge ihrer Art für Frauen eine spezifische Gefahr bewirken können, nicht oder nur unter Bedingungen oder Einschränkungen beschäftigt werden, die geeignet sind, diese besondere Gefahr zu vermeiden. Bei Beschäftigung von behinderten Personen ist auf deren körperlichen und geistigen Zustand jede mögliche Rücksicht zu nehmen. In diesem Fall kann das Arbeitsinspektorat ihre Beschäftigung mit Arbeiten, die für sie aufgrund ihres körperlichen oder geistigen Zustandes eine Gefahr bewirken können, durch Bescheid untersagen oder von bestimmten Bedingungen abhängig machen.

Was sind die betriebsärztlichen Aufgaben?

In §§ 49 ff. ASchG sind die Aufgaben der arbeitsmedizinischen Betreuung – Bezeichnungen wie „Betriebsärztin“ oder „Betriebsarzt“ werden nicht mehr verwendet – geregelt. Eine Aufgabe ist die Gesundheitsüberwachung, deren Sinn darin liegt, bei gesundheitsgefährdenden Arbeiten rechtzeitig eine gesundheitliche Beeinträchtigung zu erkennen. Vor Tätigkeitsbeginn müssen jene Arbeitnehmer/innen vorbeugend einer Eignungsuntersuchung unterzogen werden, bei denen aufgrund ihrer Tätigkeit die Gefahr einer Berufskrankheit besteht, z.B. bei Arbeiten, die mit einer Lärmbelastung verbunden sind. Bei Fortdauer der Tätigkeit müssen in regelmäßigen Zeitabständen Folgeuntersuchungen vorgenommen werden. Im Einzelfall können Eignungs- und Folgeuntersuchungen bescheidmäßig vom Arbeitsinspektorat angeordnet werden. In solchen Bescheiden werden Art, Umfang und Zeitabstände der Untersuchungen vorgeschrieben und festgelegt und auch welche Voraussetzungen die Ärztinnen und Ärzte für die Untersuchungen erfüllen müssen. Das Bundesministerium für Wirtschaft und Arbeit (BMWA) erstellt alljährlich eine Liste der ermächtigten Ärztinnen und Ärzte.

Welchen vorbeugenden Schutz für meine Gesundheit kann ich von meinem Betrieb verlangen?

Arbeitgeber/innen tragen auch vorbeugend für die Sicherheit und den Schutz der Gesundheit ihrer Arbeitnehmer/innen Verantwortung. Die wichtigsten rechtlichen Grundlagen dafür findet sich in §§ 73 ff. ASchG, wo die Präventivdienste (Sicherheitsfachkräfte und Arbeitsmediziner/innen) geregelt sind.

Arbeitgeber/innen haben Arbeitsmediziner/innen zu bestellen. Dies kann geschehen:

- durch die Beschäftigung von geeigneten Ärztinnen und Ärzten im Rahmen eines Arbeitsverhältnisses (betriebseigene Arbeitsmediziner/innen),
- durch die Inanspruchnahme externer Arbeitsmediziner/innen oder
- durch die Inanspruchnahme eines arbeitsmedizinischen Zentrums.

Für Arbeitgeber/innen, die insgesamt nicht mehr als 250 Arbeitnehmer/innen beschäftigen, besteht auch die Möglichkeit, Arbeitsstätten mit höchstens 50 Arbeitnehmerinnen bzw. Arbeitnehmern von einem Präventionszentrum der AUVA kostenlos arbeitsmedizinisch betreuen zu lassen.
Die Aufgabe der Arbeitsmediziner/innen besteht darin, Arbeitgeber/innen, Arbeitnehmer/innen, Sicherheitsvertrauenspersonen und Betriebsräte auf dem Gebiet des Gesundheitsschutzes und bei Maßnahmen zur Gesundheitsförderung der Arbeitnehmer/innen zu beraten. In der Ausübung ihrer Tätigkeit sind sie unabhängig.

Haben auch Arbeitsmediziner/innen eine Verschwiegenheitspflicht?

Für Arbeitsmediziner/innen ergibt sich eine Verschwiegenheitspflicht aus der generellen Verweisung auf das Ärztegesetz, und damit auch auf dessen § 54, der die Verschwiegenheitspflicht beinhaltet, in § 79 Abs 3 ASchG. Diese Verschwiegenheitspflicht gilt auch gegenüber der Arbeitgeberin oder dem Arbeitgeber.
Gemäß § 54 Abs 1 ÄrzteG sind die Ärztin oder der Arzt und ihre oder seine Hilfspersonen zur Verschwiegenheit über alle ihnen in Ausübung ihres Berufes anvertrauten oder bekannt gewordenen Geheimnisse verpflichtet. Unter einem Geheimnis sind alle Umstände zu verstehen, die nur einer bestimmten Person oder einem bestimmten – kleineren – Personenkreis bekannt sind, anderen nicht ohne weiteres zugänglich sind

und die nach dem Willen der oder des Betroffenen anderen nicht bekannt werden sollen. Es geht hier also nicht nur um gesundheitsrelevante Daten. Wenn Arbeitsmediziner/innen im Zuge der arbeitsmedizinischen Beratung daher solche Informationen von der Arbeitnehmerin oder dem Arbeitnehmer bekommen, unterliegen diese der Verschwiegenheitspflicht. Die ärztegesetzliche (= verwaltungsrechtliche) Strafbestimmung findet sich in § 199 Abs 3 ÄrzteG: Die Verletzung der Verschwiegenheitspflicht ist mit Geldstrafe bis zu EUR 2.180,– bedroht. Die Offenbarung oder Verwertung eines Geheimnisses, das den Gesundheitszustand einer Person betrifft, kann als „Verletzung von Berufsgeheimnissen" auch ein gerichtlich strafbarer Tatbestand gemäß § 121 Abs 1 StGB sein und würde dann mit einer Freiheitsstrafe bis zu sechs Monaten oder mit einer Geldstrafe bis zu 360 Tagessätzen bestraft werden.

In welcher Form muss der Betrieb für Erste Hilfe Vorsorge treffen?

Nach der Arbeitsstättenverordnung (AStV), einer Verordnung aufgrund der §§ 19 bis 32 Abs 1 ASchG, müssen in allen Arbeitsstätten Mitarbeiter/innen, die in erster Hilfe ausgebildet sind (Erst-Helfer/innen) beschäftigt sein. Weitgehend gleich lautend existiert für Bundesbedienstete die Bundes-Arbeitsstättenverordnung (B-AStV), eine Verordnung auf Grund der §§ 19 bis 32 Abs 1 des Bundes-Bedienstetenschutzgesetzes (B-BSG).

§ 40 Abs 1 AStV schreibt Folgendes vor: Werden in einer Arbeitsstätte regelmäßig gleichzeitig mindestens fünf Arbeitnehmer/innen beschäftigt, ist dafür zu sorgen, dass mindestens folgende Personenzahl nachweislich für die Erste Hilfe Leistung ausgebildet ist:

- bei fünf bis 19 Arbeitnehmer/innen eine Person,
- bei 20 bis 29 Arbeitnehmer/innen zwei Personen,
- für je weitere zehn Arbeitnehmer/innen eine zusätzliche Person.

Abweichend davon gilt in Büros oder in Arbeitsstätten, in denen die Unfallgefahren mit Büros vergleichbar sind, folgende Regelung:

- bei fünf bis 29 Arbeitnehmer/innen eine Person,
- bei 30 bis 49 Arbeitnehmer/innen zwei Personen,
- für je weitere 20 Arbeitnehmer/innen eine zusätzliche Person.

Bei der geforderten Ausbildung muss es sich gemäß § 40 Abs 2 AStV um eine mindestens 16stündige Ausbildung nach den vom Roten Kreuz ausgearbeiteten Lehrplänen, oder um eine andere, zumindest gleichwertige Ausbildung – z.B. im Bundesheerpräsenzdienst – handeln. Die Ausbildung ist spätestens nach zehn Jahren zu wiederholen. In Abständen von höchstens fünf Jahren müssen Übungen in Erster Hilfe absolviert werden, wobei neue Erkenntnisse auf dem Gebiet der Ersten Hilfe zu berücksichtigen sind.
Durch organisatorische Maßnahmen im Betrieb muss sichergestellt werden, dass während der betriebsüblichen Arbeitszeit eine im Hinblick auf die Anzahl der anwesenden Arbeitnehmer/innen ausreichende Anzahl an Erst-Helfer/innen anwesend ist (§ 40 Abs 3 AStV).

Auch infrastrukturell ist Vorsorge zu treffen.
Gemäß § 39 AStV – gleich lautend § 39 B-AStV – ist in jeder Arbeitsstätte eine Ausstattung an Mitteln für die Erste Hilfe bereitzustellen. Art und Umfang dieser Ausstattung müssen der Anzahl der in der Arbeitsstätte beschäftigten Arbeitnehmer/innen sowie den im Hinblick auf die Art der Arbeitsvorgänge, der verwendeten Arbeitsmittel oder Arbeitsstoffe möglichen Verletzungsgefahren angemessen sein. Mittel der Ersten Hilfe sind in staubdicht schließenden Behältern, in hygienisch einwandfreiem, jederzeit gebrauchsfertigem Zustand aufzubewahren. Die Aufbewahrungsorte müssen leicht zugänglich und gekennzeichnet sein. In unmittelbarer Nähe des Behälters müssen vorhanden sein:

- Eine ausführliche Anleitung zur Ersten Hilfe Leistung,
- Vermerke mit den Namen der Erst-Helfer,
- Die Notrufnummer der Rettung oder Vermerke über Unfallmeldestellen, Krankentransportmittel, Ärztinnen bzw. Ärzte oder Krankenhäuser.

Es ist dafür zu sorgen, dass in der Arbeitsstätte oder in der Nähe der Arbeitsstätte ein Telefon vorhanden ist, das die Arbeitnehmer/innen im Notfall leicht erreichen und benutzen können. In Arbeitsstätten mit besonderen Unfallgefahren sind Einrichtungen für den Transport von Verletzten in ausreichender Zahl bereitzustellen. Die Aufbewahrungsorte müssen leicht zugänglich und entsprechend gekennzeichnet sein.

Welche Rechte habe ich gegenüber dem Betrieb?

Arbeitgeber/innen sind gemäß § 5 ASchG verpflichtet, in einer der Anzahl der Beschäftigten und den Gefahren entsprechenden Weise die Ergebnisse der Ermittlung und Beurteilung der Gefahren, sowie die durchzuführenden Maßnahmen zur Gefahrenverhütung, schriftlich festzuhalten (Sicherheits- und Gesundheitsschutzdokumente). Soweit dies aus Gründen der Gefahrenverhütung erforderlich ist, ist diese Dokumentation arbeitsplatzbezogen vorzunehmen. Für das Arbeitsinspektorat sind damit Kontrollmöglichkeiten gegeben. Die Arbeitgeber/innen müssen, was den Schutz ihrer Arbeitnehmer/innen betrifft, immer auf dem neuesten Stand der Technik sein. Es besteht auch eine Evaluierungspflicht, d.h. bestehende Gefahren sind zu ermitteln, zu beurteilen und in den Sicherheits- und Gesundheitsschutzdokumenten festzuhalten.
Betriebsrätinnen und Betriebsräte sowie Sicherheitsvertrauenspersonen, wo es diese nicht gibt: alle Arbeitnehmer/innen, müssen Zugang zu diesen Dokumenten haben.

Welche Pflichten habe ich gegenüber dem Betrieb?

Arbeitnehmer/innen sind gemäß § 15 ASchG verpflichtet, die gebotenen Schutzmaßnahmen anzuwenden. Sie müssen Arbeitsmittel ordnungsgemäß benutzen und eine zur Verfügung

gestellte persönliche Schutzausrüstung entsprechend verwenden. Sie dürfen Schutzeinrichtungen nicht entfernen, außer Betrieb setzen, willkürlich verändern oder umstellen, soweit dies nicht aus arbeitstechnischen Gründen, insbesondere zur Durchführung von Einstellungs-, Reparatur- oder Wartungsarbeiten, unbedingt notwendig ist. Sie dürfen sich nicht durch Alkohol, Arzneimittel oder Suchtmittel in einen Zustand versetzen, in dem sie sich oder andere Personen gefährden können. Es besteht eine Meldepflicht betreffend Arbeitsunfälle, Ereignisse, die beinahe zu einem Unfall geführt hätten und ernste und unmittelbare Gefahren für Sicherheit oder Gesundheit sowie an Schutzsystemen festgestellte Defekte an die vorgesetzten oder die sonst dafür zuständigen Personen.
Eine Verweigerung dieser Pflichten kann in letzter Konsequenz bis zur Entlassung führen. Die Pflichten der Arbeitnehmer/innen in Fragen der Sicherheit und des Gesundheitsschutzes berühren aber nicht die entsprechende Verantwortlichkeit der Arbeitgeber/innen.

Was kann ich tun, wenn die Arbeit meine Gesundheit gefährdet?

Bei einer ernsten und unmittelbaren Gefahr haben Arbeitnehmer/innen das Recht, die Arbeit einzustellen und den Gefahrenbereich zu verlassen, ohne dass dies arbeitsrechtliche Folgen hätte.
Wenn auf Seiten der Arbeitgeberin oder des Arbeitgebers ein wichtiger Grund vorliegt, der Arbeitnehmer/innen eine weitere Dienstleistung unzumutbar macht, ist ein vorzeitiger, fristloser Austritt zulässig. Für Angestellte zählt § 26 AngG die Austrittsgründe beispielhaft auf. Dazu gehört auch die Gefährdung der Gesundheit, wenn also durch die Arbeit ein konkreter gesundheitlicher Schaden zu erwarten ist. Auch die Verletzung der dem Schutz des Lebens, der Gesundheit oder der Sittlichkeit dienenden Verpflichtungen, z.B. der systematische Verstoß gegen Schutzvorschriften, rechtfertigt einen fristlosen Austritt. Die vertraglichen Ansprüche auf das Entgelt für den Zeitraum, der bis zur Beendigung des Arbeitsverhältnisses

durch ordnungsgemäße Kündigung seitens der Arbeitgeberin oder des Arbeitgebers bzw. bis zum Ablauf der Befristung hätte verstreichen müssen, bleiben aufrecht. D.h. man bekommt das Gehalt für die Dauer der Kündigungsfrist ausbezahlt, sowie auch alle Beendigungsansprüche wie aliquote Sonderzahlungen und Ersatzansprüche für nicht konsumierten Urlaub.
Eine Gesundheitsgefährdung kann sich nicht nur durch fehlerhafte Maschinen usw. ergeben, sondern auch durch psychische Umstände wie z.B. Mobbing. Mobbing ist systematischer Psychoterror am Arbeitsplatz, der für die betroffene Person auch schwere gesundheitliche Auswirkungen haben kann. Ein berechtigter Austritt wird allerdings nur dann möglich sein, wenn die gemobbte Person die Arbeitgeberin oder den Arbeitgeber erfolglos um Abhilfe ersucht hat. Wird ihr im Rahmen des Arbeitsvertrages ein geeigneter Ersatzarbeitsplatz angeboten, wird ein Austritt kaum mehr gerechtfertigt sein. Auch durch eine Entlassung der mobbenden Person könnte ein gerechtfertigter Austritt verhindert werden.

Kann ich eine Gesundenuntersuchung (Vorsorgeuntersuchung) am Arbeitsplatz durchführen lassen?

Ein anderes Thema ist die Durchführung von Vorsorgeuntersuchungen am Arbeitsplatz. Träger der Krankenversicherung können im Einvernehmen mit der Dienstgeberin oder dem Dienstgeber und dem Organ der Betriebsvertretung Vorsorgeuntersuchungen auch in den Arbeitsstätten der Versicherten durchführen lassen. Rechtlich geregelt ist das in § 132b Abs 2 ASVG.

Krankenstand

Die Problemfelder rund um die Erkrankung von Arbeitnehmer/innen liegen in der gesetzlich angeordneten Mitteilungspflicht, sowie bei den allenfalls verlangten ärztlichen Bestätigungen und Untersuchungen. Auch den Fragen, ob man gezwungen werden kann, im Krankenstand Urlaub zu nehmen, oder umgekehrt, welche Rechtsfolge eintritt, wenn man während des Urlaubs krank wird, muss nachgegangen werden.

Darf ich während der Arbeitszeit zu meiner Ärztin oder zu meinem Arzt gehen?

Bei einem Arztbesuch kann es sich um einen gerechtfertigten Verhinderungsgrund nach § 8 Abs 1 AngG handeln. Der Anlass muss aber wichtig sein; das ist der Fall bei allen Untersuchungen wegen eines Krankheitsverdachts, aber auch bei allen Vorsorgeuntersuchungen, ärztlich verordneten physikalischen Behandlungen, psychotherapeutischen Sitzungen; also Behandlungen von psychosozial oder psychosomatisch bedingten Verhaltensstörungen und Leidenszuständen mit wissenschaftlich-psychotherapeutischen Methoden, usw. Im Gegensatz dazu würden private Massagen und Lebensberatungen kein anzuerkennendes erhebliches Interesse darstellen.
Generell gilt: Man darf nur dann während der Arbeitszeit zur Ärztin oder zum Arzt gehen, wenn es außerhalb der Arbeitszeit unmöglich ist, z.B. wegen der Ordinationszeiten. Der Unmöglichkeit ist die Unzumutbarkeit gleichgestellt. Was unzumutbar ist, kann oft nur im Einzelfall geklärt werden. Mit Zustimmung der Arbeitgeberin oder des Arbeitgebers kann man natürlich jederzeit einen Arztbesuch machen, weil ja dann wegen des vorhandenen Einverständnisses kein gesetzlicher Grund geltend gemacht werden muss.
Wege zur Inanspruchnahme ärztlicher Hilfe, d.h. von der Arbeitsstätte oder der Wohnung zur Untersuchungs- oder Behandlungsstelle und zurück, sind auch außerhalb der Arbeitszeit geschützte Bereiche im Sinne der gesetzlichen Be-

stimmungen über Arbeitsunfälle, sofern der beabsichtigte Arztbesuch im Betrieb vorher angekündigt wurde. Das bedeutet, dass ein Wegunfall auf den genannten Strecken als – gesetzlich begünstigter – Arbeitsunfall und nicht als Freizeitunfall gilt. Wichtig ist aber, dass der Weg unmittelbar vor Arbeitsbeginn bzw. nach Arbeitsende angetreten und grundsätzlich der kürzeste Weg gewählt wird.

Darf ich während der Arbeitszeit einen Krankenbesuch machen?

Krankenbesuche zu Hause oder im Krankenhaus sind grundsätzlich keine wichtigen Gründe, um der Arbeit fern zu bleiben. Es gibt aber eine höchstgerichtliche Entscheidung, die die Möglichkeit dafür absteckt. Ist der Besuch einer oder eines nahen Verwandten im Krankenhaus dringend geboten, weil aufgrund des schlechten Gesundheitszustandes oder des Bevorstehens einer unaufschiebbaren lebensgefährlichen Operation die Möglichkeit besteht, dass die Patientin oder der Patient die nächsten Stunden nicht mehr überleben wird, ist eine der Arbeitspflicht vorgehende höhere Pflicht und damit das Vorliegen eines Dienstverhinderungsgrundes zu bejahen (OGH 17.7.1987, 9ObA17/87).

Wann muss ich eine Krankheit im Betrieb melden?

Wenn eine Arbeitnehmerin oder ein Arbeitnehmer durch Krankheit an der Arbeitsleistung verhindert ist, liegt Arbeitsunfähigkeit vor. Das gilt auch für einen „Unglücksfall"; z.B. Verletzungen aus Unfällen, auch aus Freizeitunfällen. Es besteht ein Entgeltfortzahlungsanspruch. Die Arbeitnehmerin oder der Arbeitnehmer darf die Erkrankung bzw. den Unfall aber nicht vorsätzlich, d.h. bewusst oder absichtlich, oder grob fahrlässig, d.h. mit auffallender Sorglosigkeit verursacht haben. Es wird dabei aber kein strenger Maßstab angelegt. So kann man etwa bei Sportunfällen selbst bei gefährlichen Sportarten davon ausgehen, dass keine grobe Fahrlässigkeit vorliegt, wenn nicht ein zusätzlicher erschwerender Umstand wie starke Alkoholisierung hinzukommt.

Eine Verhinderung an der Arbeitsleistung muss nicht immer durch eine akute Erkrankung hervorgerufen sein. Auch dann, wenn die Arbeit auf ärztliche Anordnung als vorbeugende Maßnahme zur Verhinderung einer künftigen Arbeitsunfähigkeit unterbrochen werden muss, z.B. ärztliches Hebeverbot, liegt arbeitsrechtlich ein Krankenstand vor. Ebenso: Eine ärztlich angeordnete Kurbehandlung ist eine durch Krankheit gerechtfertigte Dienstverhinderung (OGH 20.9.1962, 4Ob97/62). Auch chronische Krankheiten sind nicht ausgenommen. Für all diese Fälle besteht ein Anspruch auf Entgeltfortzahlung; für Angestellte nach dem AnG, für Arbeiterinnen und Arbeiter nach dem EFZG. Ein allfälliger Verzicht auf diesen Anspruch wäre unzulässig und daher nichtig.

Umgekehrt gibt es Krankheiten, die zwar eine ärztliche Behandlung notwendig machen, aber keine Arbeitsunfähigkeit hervorrufen, z.B. ein Hautausschlag. Ein Entgeltfortzahlungsanspruch liegt also nur dann vor, wenn die erkrankte Person nicht oder nur mit der Gefahr, ihren Zustand zu verschlimmern, fähig ist, ihre Arbeit zu tun.

Was kann ich bei einer Krankmeldung falsch machen?

Die Arbeitnehmerin oder der Arbeitnehmer muss die krankheitsbedingte Arbeitsverhinderung der Arbeitgeberin oder dem Arbeitgeber unverzüglich melden, in der Regel daher noch am ersten Tag der Arbeitsunfähigkeit. Man kann dies persönlich tun oder durch eine Mittelsperson. Es genügt die Meldung an eine Vertretung der Arbeitgeberin oder des Arbeitgebers, z.B. an das Personalreferat oder aber auch an Kolleginnen oder Kollegen – ausgenommen solche, die in ganz untergeordneter Stellung beschäftigt sind. Das LGZ Wien nannte dazu als Beispiel eine nur fallweise beschäftigte Bedienerin. Die Mitteilung kann in jeder Form, also telefonisch, schriftlich, per Fax oder E-Mail erfolgen. Auch die Mitteilung des Krankenstandes durch SMS (Kurzmitteilung) an eine als „Diensthandy" bekannt gegebene Mobilnummer ist als ordnungsgemäße Anzeige der Dienstverhinderung anzusehen (OGH

16.10.2003, 8ObA92/03t). Ist allerdings die Arbeitnehmerin oder der Arbeitnehmer so schwer krank oder verunfallt, dass eine unverzügliche Mitteilung nicht möglich ist, erwachsen daraus keine nachteiligen Folgen, denn „unverzüglich" wird von den Gerichten als „ohne schuldhaftes Zögern" verstanden. Wird die Mitteilungspflicht aber schuldhaft verletzt, so geht für die Dauer der Säumnis der Entgeltfortzahlungsanspruch verloren.

Welche Krankheitsbestätigungen dürfen verlangt werden?

Auf Verlangen der Arbeitgeberin oder des Arbeitgebers, das nach angemessener Zeit wiederholt werden kann, muss eine Bestätigung der zuständigen Krankenkasse oder durch Amts- oder Gemeindeärztin bzw. -arzt über Ursache – Krankheit oder Unfall – und Dauer der Arbeitsunfähigkeit vorgelegt werden. Die „Krankenkassenbestätigung" wird in der Regel von der dazu berechtigten behandelnden Kassenärztin oder dem dazu berechtigten behandelnden Kassenarzt ausgestellt. Wenn man sich aber privat, von einer Wahlärztin oder einem Wahlarzt, behandeln lässt, braucht sich die Arbeitgeberin oder der Arbeitgeber nicht mit deren oder dessen Krankenstandsbestätigung zufrieden geben. Für die Krankenstandsbestätigung kann die Arbeitgeberin oder der Arbeitgeber auch eine – nicht allzu kurze – Frist (laut LGZ Wien wären drei Tage durchaus angemessen) festsetzen. Nach der Rechtsprechung des OGH kann auch eine Krankenstandsbestätigung mit einem Endtermin verlangt werden. Die Arbeitgeberin oder der Arbeitgeber ist berechtigt, für jeden einzelnen Krankenstand einen solchen Nachweis zu verlangen. Das gilt – entgegen einer landläufigen Auffassung – auch dann, wenn der Krankenstand weniger als drei Tage dauert. In manchen Betrieben braucht man die Krankheitsbestätigung allerdings erst nach Beendigung des Krankenstandes vorzulegen. Verpflichtend ist die Aushändigung einer solchen Bestätigung für die Arbeitnehmerin oder den Arbeitnehmer aber jedenfalls nur dann, wenn es die Arbeitgeberin oder der Arbeitgeber im konkreten Anlassfall verlangt. Die generelle Festlegung derartiger Verpflichtungen im Arbeitsvertrag oder in einer Betriebsvereinbarung wäre unwirksam (OGH 15.6.1988, 9ObA122/88).

Muss ich mich ärztlich untersuchen lassen?

Bei krankheitsbedingter Arbeitsverhinderung müssen sich Arbeitnehmer/innen auf Verlangen der Arbeitgeberin oder des Arbeitgebers ärztlich untersuchen lassen – bei einer Ärztin oder einem Arzt eigener Wahl. Selbst wenn im Arbeitsvertrag vereinbart worden wäre, dass im Krankheitsfall eine bestimmte Ärztin oder ein bestimmter Arzt aufgesucht werden muss, käme diese Vertragsbestimmung nicht zur Anwendung, weil sie eine sittenwidrige Klausel wäre. Auch gibt es für Arbeitgeber/innen keinen Anspruch darauf, die Art der Erkrankung zu erfahren. Die Aufnahme einer Diagnose in ein ärztliches Zeugnis darf daher auch nicht verlangt werden. Als Ursache der Dienstverhinderung ist im ärztlichen Attest bloß „Krankheit“ oder „Unfall“ anzugeben (VwGH 8.6.1978, 2531/77; OGH 27.9.1989, 9ObA236/89).
In ständiger Rechtsprechung hat der Oberste Gerichtshof entschieden, dass ein Krankenstand auch dann gegeben ist, wenn eine unrichtige ärztliche Arbeitsunfähigkeitsbestätigung vorliegt, die kranke Person aber auf die Richtigkeit der ausgestellten ärztlichen Bestätigung vertrauen durfte. Anders liegt der Fall natürlich dann, wenn eine solche Bestätigung durch falsche und irreführende Angaben, z.B. gar nicht vorhandene Symptome, erschlichen (Beispiel: OGH 14.7.1981, 4Ob42/81) oder gar gefälscht worden ist. Auch kann man sich nicht selber krankschreiben: Die Feststellung der Arbeitsunfähigkeit infolge Krankheit obliegt einzig und allein Ärztinnen und Ärzten.

Kann ich dazu gezwungen werden, im Krankenstand leichte Arbeiten zu erledigen?

Diese Frage berührt die Problematik der Teilarbeitsfähigkeit. Darunter wird ein Gesundheitszustand verstanden, der zwar im Vergleich zum Normalzustand beeinträchtigt ist, aber die Verrichtung eines Teiles der vertraglich geschuldeten Arbeitsleistung ermöglichen würde. Nach der Rechtsprechung des OGH (z.B. 14.11.1996, 8ObA2302/96d) gilt das „Alles-oder-Nichts-Prinzip": Wer krankgeschrieben ist, ist krank und nicht teilweise krank und teilweise gesund. Das bedeutet, dass Arbeitnehmer/innen bei ärztlich festgestellter Arbeitsunfähigkeit nicht verpflichtet werden können, einen Teil ihrer Tätigkeit weiter auszuüben, der mit ihrem Gesundheitszustand vereinbar wäre. Arbeitnehmer/innen können auch nicht wirksam dazu verpflichtet werden, im Krankenstand an Betriebsbesprechungen teilzunehmen (OGH 6.6.2005, 9ObA84/05a). An dieser Judikatur gab es immer wieder auch Kritik und es fanden sich rechtspolitische Ansätze, eine Teilarbeitsfähigkeit einzuführen. Eine solche wäre aber in der Praxis schwierig festzustellen, weil anlässlich der Krankschreibung eine genaue Gegenüberstellung der gesundheitlichen Beeinträchtigung mit der Arbeitsplatzbeschreibung erforderlich wäre.

Was darf ich im Krankenstand tun?

Während des Krankenstandes sind Arbeitnehmer/innen verpflichtet, sich so zu verhalten, dass ihre Arbeitsfähigkeit möglichst rasch wieder hergestellt wird (z.B. OGH 10.9.1987, 9ObA112/97d; OGH 26.1.2000, 9ObA329/99v; OGH 7.6.2001, 9ObA144/01v). Es darf den ärztlichen Anordnungen, z.B. betreffend Bettruhe, Ausgangszeiten usw., nicht so schwerwiegend zuwidergehandelt werden, dass der Heilungsverlauf verzögert wird. Auch sind Tätigkeiten zu unterlassen, die den Heilungsprozess verzögern könnten – z.B. Gasthausbesuche (OGH 10.3.1987, 14ObA25/87), Einkaufsfahrten (OGH 26.1.2000, 9ObA329/99v) und Ähnliches. In der Praxis hat sich herauskristallisiert, dass man auch im Krankheitsfall Grundnahrungsmittel einkaufen gehen darf, Shoppingtouren sind jedoch zu unterlassen. In letzter Konsequenz droht eine Entlassung wegen Vertrauensunwürdigkeit. Eine Detektiv-Überwachung des Verhaltens im Krankenstand ist zulässig. Führt das Ergebnis der Überwachung zu einer gerechtfertigten fristlosen Entlassung müsste die Arbeitnehmerin oder der Arbeitnehmer auch die Detektivkosten bezahlen.

Wann muss ich mich wieder gesund melden?

Vom Umstand, dass die erkrankte Person durch die Kontrollärztin oder den Kontrollarzt des zuständigen Krankenversicherungsträgers für arbeitsfähig erklärt wurde, ist die Arbeitgeberin oder der Arbeitgeber sofort zu verständigen. Arbeitgeber/innen müssen auch informiert werden, wenn sich die Arbeitnehmerin oder der Arbeitnehmer ohne wichtigen Grund der vorgesehenen kontrollärztlichen Untersuchung nicht unterzieht.

Wenn ärztlicherseits das Ende des Krankenstandes offen gelassen wurde, sind Arbeitnehmer/innen, die sich schon wieder besser fühlen, verpflichtet sich untersuchen zu lassen, ob die Voraussetzungen des Krankenstandes noch vorliegen (OGH 5.6.2002, 9ObA113/02m).

Was ist, wenn ich im Urlaub krank werde?

Erkrankt oder verunglückt eine Arbeitnehmerin oder ein Arbeitnehmer während des Erholungsurlaubes, ohne dies vorsätzlich oder grob fahrlässig herbeigeführt zu haben, so werden auf Werktage fallende Tage der Erkrankung auf das Urlaubsausmaß nicht angerechnet, wenn die Erkrankung länger als drei Kalendertage gedauert hat. Dies gilt allerdings nicht, wenn die Erkrankung oder der Unfall durch eine dem Erholungszweck widersprechende Erwerbstätigkeit während des Urlaubs verursacht worden ist; ein ursächlicher Zusammenhang muss gegeben sein. Erwerbstätigkeit meint entgeltliche Tätigkeit. Eine ehrenamtliche Mitarbeit in Vereinen usw. wäre kein Problem. Aber auch nicht jede Erwerbstätigkeit schließt die Urlaubsunterbrechung aus, sondern nur eine „dem Erholungszweck widersprechende". Tätigkeiten, die mit dem Erholungszweck vereinbar sind, ja sogar die Erholung fördern können, wie etwa Erlebnisführungen in einem Wald oder einem Natur- oder Nationalpark, fallen auch dann nicht unter die Ausnahmeregelung, wenn sie entgeltlich ausgeübt werden.

Voraussetzung, dass die Krankheit den Urlaub unterbricht ist, dass die Arbeitgeberin oder der Arbeitgeber nach dreitägiger Krankheitsdauer unverzüglich von der Erkrankung in Kenntnis gesetzt wird. Bei Wiederantritt des Dienstes ist eine ärztliche Bestätigung vorzulegen. Wenn die Erkrankung oder der Unfall im Ausland passiert ist, muss zusätzlich ein Nachweis erbracht werden, dass die behandelnde Person als Ärztin oder Arzt zugelassen ist. Der Dienst ist zur vereinbarten Zeit wieder anzutreten. Dauert die Krankheit länger, so ist der Dienst unmittelbar nach Ende des Krankenstandes anzutreten. Wenn der Nachweis der Erkrankung nicht erbracht wird oder nicht erbracht werden kann, gelten die Krankheitstage als Urlaubstage.

Kann ich gezwungen werden im Krankenstand Urlaub zu nehmen?

§ 4 Abs 2 Urlaubsgesetz (UrlG) schränkt Arbeitgeber/innen und Arbeitnehmer/innen bei der Festlegung des Urlaubstermines ein. Er verbietet die Vereinbarung eines Urlaubsantrittes für bestimmte Zeiträume. Zu diesen zählt auch wenn die Arbeitnehmerin oder der Arbeitnehmer durch Krankheit oder Unfall an der Arbeitsleistung gehindert ist. Diesen Zeiträumen gleichgehalten werden behördlich oder durch Sozialversicherungsträger bewilligte bzw. verordnete Kur- und Erholungsaufenthalte sowie solche Aufenthalte in Heil- und Pflegeanstalten, Rehabilitationszentren und Rekonvaleszentenheimen. Der Hintergrund dieser Gesetzesbestimmung ist, dass durch einen Urlaubsverbrauch während des Krankenstandes der mit dem Urlaub normalerweise verbundene Erholungszweck nicht erreicht werden könnte. Daher kann niemand gezwungen werden im Krankenstand Urlaub zu nehmen. Natürlich darf auf Grund eines logischen Größenschlusses die Arbeitgeberin oder der Arbeitgeber Krankenstandstage auch nicht einfach vom Urlaubsanspruch abziehen.

Muss ich den Urlaub zur Erholung nutzen?

Unter Urlaub wird die Zeit verstanden, in der eine Arbeitnehmerin oder ein Arbeitnehmer von der Verpflichtung zur

Arbeitsleistung befreit ist. Es gibt bezahlten und unbezahlten Urlaub (Karenzurlaub). Der praktisch bedeutsamste Urlaub ist der „Erholungsurlaub“. Das Urlaubsgesetz verweist damit auf den Gegensatz zu Sonderurlauben für Fortbildung oder andere Zwecke. Die Erholungsbedürftigkeit ist aber keine Voraussetzung für den Urlaubsanspruch. Dafür spricht auch, dass ein Urlaubsanspruch auch während eines Krankenstandes erworben werden kann, obwohl es sich hier nicht um eine Erholung nach einer Arbeitsphase handelt (OGH 14.9.1982, 4Ob84/82). Auch ist die Arbeitnehmerin oder der Arbeitnehmer nicht verpflichtet, den „Erholungsurlaub“ zu Erholungszwecken zu nutzen. Eine erholungswidrige Freizeitgestaltung während des Urlaubs ist grundsätzlich sanktionslos. Mit einer Ausnahme: Krankheit unterbricht bekanntlich den Urlaub. Dies allerdings dann nicht, wenn sie durch eine dem Erholungszweck widersprechende Erwerbstätigkeit während des Urlaubs verursacht wurde.

Ob eine Person also ihren Urlaub zum Broterwerb in einem Zweitberuf oder zur Erholung nutzt, ist somit grundsätzlich arbeitsrechtlich irrelevant. Eines ist aber nicht möglich, nämlich bei der eigenen Arbeitgeberin bzw. beim eigenen Arbeitgeber zu arbeiten. Vereinbarungen, die an Stelle des Anspruches auf Naturalurlaub eine Geldleistung der Arbeitgeberin oder des Arbeitgebers vorsehen, sind nämlich rechtsunwirksam. Wurde entgegen dem gesetzlichen Verbot eine Urlaubsablöse vereinbart, kann der Urlaub dennoch konsumiert werden. Das dafür erhaltene Geld muss aber zurückgezahlt werden. Damit Urlaub in Geld vergütet werden kann, muss das Dienstverhältnis tatsächlich beendet werden.

Kann mir der Betrieb die Ausübung von (gefährlichem) Sport in der Freizeit oder im Urlaub verbieten?

Manche Arbeitgeber/innen verbieten ihren Arbeitnehmer/innen gefährliche Sportarten wie Schifahren oder Fußballspielen. Solche Verbote sind aber unzulässig. Denn Freizeit und Urlaub stehen zur freien Verfügung; dienstliche Weisungen können über die Freizeit von Arbeitnehmer/innen nicht verfügen. Allerdings kann bei einer vorsätzlich oder grob fahrlässig herbeigeführten Arbeitsunfähigkeit der Anspruch auf Entgeltfortzahlung im Krankenstand verloren gehen.

Darf im Betrieb ein „Krankenstand-Bonus-Malus-System" eingeführt werden?

Derartige Systeme, wo z.B. am Ende eines Jahres Krankenstandstage verglichen werden und Arbeitnehmer/innen, die wenig bis gar nicht im Krankenstand waren, eine Bonuszahlung erhalten, und daher solche, die viel krank waren, „bestraft" werden, sind sittenwidrige Vereinbarungen gemäß § 879 ABGB, die unanwendbar wären.

Pflegefreistellung

Berufstätige Personen können in eine arge Zwickmühle geraten, wenn eine nahe Angehörige oder ein naher Angehöriger, wie z.B. ein Kind, erkrankt. Soll ich arbeiten gehen oder zu Hause bleiben, um mein Kind betreuen zu können? Der notwendigen Pflege von im gemeinsamen Haushalt lebenden, erkrankten, nahen Angehörigen trägt daher das Arbeitsrecht Rechnung, indem es unter bestimmten Voraussetzungen einen Dienstfreistellungsanspruch gewährt.

Wann kann ich Pflegeurlaub nehmen?

Der „Pflegeurlaub" heißt im Gesetz (§§ 16 bis 18 UrlG) „Pflegefreistellung". Eine solche ist in folgenden Fällen möglich:

- wegen der notwendigen Pflege einer oder eines im gemeinsamen Haushalt lebenden, erkrankten, nahen Angehörigen. Das sind die Ehegattin oder der Ehegatte, die Lebensgefährtin oder der Lebensgefährte, die eigenen Kinder, Adoptiv- und Pflegekinder, Enkel und Urenkel, Eltern, Großeltern und Urgroßeltern – nicht aber Geschwister oder Schwiegereltern und -kinder;
- wegen der notwendigen Betreuung eines Kindes – auch eines Adoptiv- oder Pflegekindes – infolge Ausfalls der ständigen Betreuungsperson (z.B. einer Tagesmutter) aus besonders wichtigen Gründen wie Tod oder schwere Erkrankung, Spitalsaufenthalt, Verhaftung.

Es handelt sich somit um einen Pflegefreistellungs- bzw. einen Betreuungsfreistellungsanspruch. Während bei der Pflegefreistellung eine nahe Angehörige oder ein naher Angehöriger erkrankt sein muss, ist im Fall der Betreuungsfreistellung eine Krankheit keine Voraussetzung. Das Vorliegen der Anspruchsvoraussetzungen muss die Arbeitnehmerin oder der Arbeitnehmer nachweisen. Dieser Nachweis muss nicht schon bei der Verständigung der Inanspruchnahme der Freistellung erbracht werden; es reicht aus, wenn er bei der Geltendmachung des Anspruchs auf Auszahlung des für die versäumte

Zeit zustehenden Entgelts erbracht wird. Der gemeinsame Haushalt muss schon vor Eintritt des Pflegefalles bestanden haben. Es genügt somit nicht, wenn z.B. der kranke Vater erst nach der Erkrankung zu seiner Tochter zieht. Arbeitgeber/innen können auch ärztliche Atteste verlangen, müssten dafür aber die Kosten übernehmen.
Der Anspruch auf die bezahlte Pflegefreistellung entsteht sofort nach dem ersten Arbeitstag, auch innerhalb einer allfälligen Probezeit. Es gibt auch keine aliquote Kürzung der Anspruchszeit, wie etwa beim Erholungsurlaub, wo der Urlaubsanspruch zwar auch schon in den ersten sechs Monaten des ersten Arbeitsjahres entsteht, aber innerhalb dieses Zeitraumes nur aliquot verbraucht werden darf.

Wie oft kann ich Pflegeurlaub nehmen?

Die Pflege- oder Betreuungsfreistellung kann stunden- oder tageweise, im Bedarfsfall auch durchgehend, bis zu einer Woche in Anspruch genommen werden. Eine Vereinbarung ist nicht erforderlich. Es genügt die rechtzeitige Verständigung (OGH 22.10.1997, 9ObA259/97x). Die zeitliche Obergrenze ergibt sich durch das Höchstausmaß der regelmäßigen wöchentlichen Arbeitszeit, einschließlich regelmäßiger Überstunden. Ist diese Grenze in einem Arbeitsjahr erreicht, gebührt keine Pflegefreistellung mehr. Davon gibt es allerdings eine Ausnahme.
Es besteht nämlich unter folgenden Voraussetzungen ein Anspruch auf Freistellung bis zum Höchstausmaß einer weiteren regelmäßigen wöchentlichen Arbeitszeit innerhalb eines Arbeitsjahres, wenn die Arbeitnehmerin oder der Arbeitnehmer den „normalen" Freistellungsanspruch bereits verbraucht hat (erweiterte Pflegefreistellung). Diese Voraussetzungen sind:

- Es muss sich um die notwendige Pflege des im gemeinsamen Haushalt lebenden erkrankten Kindes – auch eines Adoptiv- oder Pflegekindes – handeln.
- Das erkrankte und zu pflegende Kind darf das zwölfte Lebensjahr noch nicht überschritten haben.
- Es muss eine neu aufgetretene Erkrankung vorliegen.

- Es darf für diesen Zeitraum der Dienstverhinderung kein Anspruch auf Entgeltfortzahlung wegen Dienstverhinderung aus wichtigen Gründen auf Grund anderer gesetzlicher, kollektivvertraglicher oder einzelvertraglicher Bestimmungen zustehen.

Angestellte können bzw. müssen somit ihren Anspruch auf § 8 Abs 3 AngG stützen.
Ist auch dieser „Kinderkrankheitsfreistellungsanspruch" ausgeschöpft, kann zum Zweck der Pflege des kranken Kindes Urlaub ohne vorherige Vereinbarung mit der Arbeitgeberin oder dem Arbeitgeber angetreten werden.
Für den gegenteiligen Fall, nämlich der Nicht-Ausschöpfung des Anspruches, gilt Folgendes. Ein nicht oder nicht zur Gänze verbrauchter Anspruch auf Pflegefreistellung kann nicht ins nächste Jahr übertragen werden, sondern verfällt.

Kann mir der Pflegeurlaub mit dem Argument verwehrt werden, es seien ja noch andere nahe Angehörige da?

Hier ist zu differenzieren. Einerseits gilt: Wenn noch geeignete andere, nicht berufstätige Familienangehörige da sind, besteht kein Recht auf Pflege gerade durch die berufstätige Person. Eine Verpflichtung zur entgeltlichen Bereitstellung einer Pflege- bzw. Betreuungsperson besteht aber nicht. Die Eignung als Pflegeperson hängt übrigens grundsätzlich nicht davon ab, ob sie im selben Haushalt wohnt oder nicht. Andererseits haben nach der Rechtsprechung des Obersten Gerichtshofs (OGH 16.2.2000, 9ObA335/99a) mehrere berufstätige, nahe Angehörige ein Wahlrecht für die Inanspruchnahme der Pflegefreistellung. Eine Interessenabwägung im Sinne einer Berücksichtigung konkreter betrieblicher Erfordernisse der Arbeitgeberin oder des Arbeitgebers muss nicht vorgenommen werden. Es kann somit z.B. die Pflegefreistellung für ein krankes Kind nicht mit dem Hinweis auf den jeweils anderen (berufstätigen!) Elternteil verwehrt werden. Anderes gilt aber, wenn der Anspruch auf Pflegefreistellung schon ausgeschöpft ist.

Was geschieht, wenn der Pflegefall während des Erholungsurlaubes auftritt?

Der Fall ist im Gesetz nicht ausdrücklich geregelt, weil wahrscheinlich diese Konstellation nicht bedacht wurde. Die ungewollte Regelungslücke wird daher durch analoge Anwendung des Urlaubsrechts geschlossen. Gemäß § 4 Abs 2 UrlG darf für Zeiträume, während deren eine Arbeitnehmerin oder ein Arbeitnehmer Anspruch auf Pflegefreistellung hat, der Urlaubsantritt nicht vereinbart werden, wenn diese Umstände bereits bei Abschluss der Vereinbarung bekannt waren. Geschieht dies dennoch, gilt der Zeitraum der Arbeitsverhinderung nicht als Urlaub. Nach der Rechtsprechung des Obersten Gerichtshofes (OGH 16.10.2002, 9ObA90/02d) ist ein Festhalten am vereinbarten Urlaub nicht angezeigt, wenn ein wichtiger Grund eingetreten ist, der wegen Verfehlung des Erholungszweckes ein Verbleiben im Urlaub unzumutbar macht. Da der Erholungszweck bei Erkrankung eines nahen Angehörigen ähnlich beeinträchtigt wird wie bei eigener Erkrankung, werden in einem solchen Fall die „Pflegetage" als nicht verbrauchter Erholungsurlaub gewertet.

Darf ich mit der zu pflegenden Person auf Urlaub fahren?

Ja, denn nach der jüngeren Rechtsprechung des OGH (25.1.2006, 9ObA188/05w) ist dem § 16 Abs 1 Z 1 UrlG keine generelle Einschränkung zu entnehmen, wonach es der pflegenden Arbeitnehmerin oder dem pflegenden Arbeitnehmer untersagt wäre, mit der oder dem zu pflegenden Angehörigen auf Urlaub – auch ins Ausland – zu fahren. Wenn die Voraussetzungen für die Pflegefreistellung vorliegen, gibt es auch keine Pflicht die Arbeitgeberin oder den Arbeitgeber über Reisebewegungen während der Pflegezeit zu informieren.

Kann betriebsintern eine „Pflegeurlaubssperre" verhängt werden?

Das wäre nicht möglich. Denn die genannten Rechte dürfen durch Arbeitsvertrag, Arbeits(Dienst)ordnung, Betriebsvereinbarung oder Kollektivvertrag weder aufgehoben noch beschränkt werden (§ 17 UrlG). Auch wird keine Interessenabwägung im Sinne einer Berücksichtigung konkreter betrieblicher Erfordernisse, wie z.B. bei einem Großauftrag, vorgenommen (OGH 16.2.2000, 9ObA335/99a). Gesetzliche Vorschriften, Kollektivverträge, Arbeits(Dienst)ordnungen, Betriebsvereinbarungen oder Arbeitsverträge, die den Anspruch auf Pflegefreistellung günstiger regeln, bleiben allerdings unberührt (§ 18 UrlG). Für Angestellte sind die Regelungen des § 8 Abs 3 AngG meist günstiger.

Was kann ich tun, wenn mein Pflegeurlaub schon verbraucht ist?

Die Pflegefreistellung ist ein besonderer Fall der Arbeitsverhinderung aus wichtigem Grund, für die es eine spezielle Regelung gibt. Arbeitnehmer/innen behalten ihren Lohn- oder Gehaltsanspruch, wenn sie durch andere wichtige Gründe daran gehindert werden, ihre Arbeitsleistung zu erbringen. Derartige wichtige Gründe können in rechtlichen oder sittlichen Verpflichtungen liegen. Z.B. ein dringender Arztbesuch mit dem Kind, ein Todesfall in der Familie usw. Für Angestellte ist der Anspruch auf Fortzahlung des Entgelts im Angestelltengesetz zwingend geregelt; für Arbeiterinnen und Arbeiter bildet das Entgeltfortzahlungsgesetz die Rechtsgrundlage. Häufig sind solche Verhinderungsgründe auch im Kollektivvertrag genannt. Jedenfalls könnte auch die weitere Pflege einer oder eines kranken Angehörigen eine solche rechtliche oder sittliche Pflicht darstellen. Damit könnte also eine Verlängerung der Pflegefreistellung einhergehen. Allerdings gilt in diesem Fall, dass Arbeitnehmer/innen verpflichtet sind, für alle zumutbaren Vorkehrungen für die Pflege z.B. des erkrankten Kindes Sorge zu tragen; also andere zur Verfügung stehende nahe Angehörige zur Pflege heranzuziehen und damit eine Dienstverhinderung durch die Pflege zu vermeiden.

Führerschein und Straßenverkehr

- Führerschein und Gesundheitszustand
- Seh- und Hörprüfungen
- Zahlencodes im Führerschein
- Führerscheinentziehung aus Gesundheitsgründen
- Erste-Hilfe-Kurse
- Medikamente und Fahrtüchtigkeit
- Behindertenzonen
- Hupverbot vor Krankenhäusern
- Erste-Hilfe-Leistung
- „Autoapotheke“

Führerschein

Der Führerschein berechtigt zu einer gefährlichen Tätigkeit, nämlich zur Teilnahme am Straßenverkehr mit Kraftfahrzeugen. Verständlicherweise ist es der Rechtsordnung ein Anliegen, körperlich und geistig ungeeignete Personen davon fernzuhalten.

Wie komme ich zum Nachweis der gesundheitlichen Eignung?

Die Voraussetzungen für die Erteilung einer Lenkberechtigung sind neben einem Mindestalter (§ 6 FSG), der Verkehrszuverlässigkeit (§ 7 FSG) und der fachlichen Befähigung (§ 10 FSG) auch die gesundheitliche Eignung (§ 8 FSG).
Diese wird durch eine ärztliche Untersuchung nachgewiesen. Gemäß § 8 Abs 1 FSG muss die antragstellende Person der Behörde ein ärztliches Gutachten vorlegen, dass sie zum Lenken von Kraftfahrzeugen gesundheitlich geeignet ist. Das ärztliche Gutachten muss von einer Ärztin oder einem Arzt stammen, die als Sachverständige gemäß § 34 Abs 1 Z 2 FSG bestellt sind. Es darf im Zeitpunkt der Entscheidung nicht älter als 18 Monate sein.
Nur wenn zur Erstattung des ärztlichen Gutachtens besondere Befunde oder im Hinblick auf ein verkehrspsychologisch auffälliges Verhalten eine Stellungnahme einer verkehrspsychologischen Untersuchungsstelle erforderlich sind, muss das ärztliche Gutachten von einer Amtsärztin oder einem Amtsarzt erstellt werden. Wenn im Rahmen der amtsärztlichen Untersuchung eine sichere Entscheidung im Hinblick auf die gesundheitliche Eignung nicht getroffen werden kann, so ist erforderlichenfalls eine Beobachtungsfahrt anzuordnen (§ 8 Abs 2 FSG).

Was wird für den Führerschein untersucht?

Die Untersuchung umfasst jedenfalls:

- die Erhebung der Krankheitsgeschichte, bezogen auf die gesundheitliche Eignung zum Lenken von Kraftfahrzeugen,

- den Gesamteindruck – zusammengesetzt aus Motorik, Mimik, Gestik, Koordination und Sprachvermögen,
- die Größe und das Gewicht,
- eine Sehschärfekontrolle ohne Sehbehelf, sowie eine grobe Überprüfung des Gesichtsfeldes; falls die angegebenen Mindestsehschärfen unterschritten werden, zusätzlich eine Sehschärfekontrolle mit Sehbehelf. Bei Kontaktlinsenträgerinnen und -trägern oder bei funktioneller Einäugigkeit, ist ein augenfachärztlicher Befund beizulegen; bei Brillenträgerinnen und -trägern der Gruppe 2 ist eine Brillenglasbestimmung einer Augenoptikerin oder eines Augenoptikers oder ein augenfachärztlicher Befund beizubringen; die Brillenglasbestimmung oder der augenfachärztliche Befund dürfen zum Zeitpunkt der Untersuchung nicht älter als sechs Monate sein.
- einen Hörtest mit Konversationssprache, ein Meter für Lenker/innen der Gruppe 1, sechs Meter für Lenker/innen der Gruppe 2,
- eine Herz-Kreislauf-Kontrolle durch Blutdruckmessung und Pulszählung,
- eine Kontrolle der Beweglichkeit der Extremitäten, insbesondere durch Kniebeugen, seitliches Bewegen der Arme, Grifffunktion beider Hände,
- eine Überprüfung auf Tremor.

Das ärztliche Gutachten hat abschließend auszusprechen: „geeignet", „bedingt geeignet", „beschränkt geeignet" oder „nicht geeignet" (§ 8 Abs 3 FSG).

Wie gut muss ich für den Führerschein sehen können?

Alle Bewerberinnen und Bewerber um eine Lenkberechtigung müssen sich einer Untersuchung unterziehen, um sicherzustellen, dass sie ein für das sichere Lenken von Kraftfahrzeugen ausreichendes Sehvermögen haben. In Zweifelsfällen kommt es zu einer Untersuchung durch eine Fachärztin oder einen Facharzt für Augenheilkunde und Optometrie. Bei dieser Untersuchung wird unter anderem die Sehschärfe, das

Gesichtsfeld sowie die Fähigkeit zum Dämmerungssehen untersucht und auf fortschreitende Augenkrankheiten geachtet. Näher geregelt ist das Thema Führerschein und Sehvermögen in den §§ 7 und 8 Führerscheingesetz-Gesundheitsverordnung (FSG-GV).

Wie gut muss ich für den Führerschein hören können?

Auch das Hörvermögen muss eine gewisse Schwelle erreichen; bei beidohriger Prüfung. Je nach Führerscheingruppe liegt diese beim Verstehen einer Konversationssprache auf eine Entfernung von mindestens einem Meter bzw. sechs Metern. Wenn diese Werte nicht erreicht werden ist eine fachärztliche Stellungnahme erforderlich, die eine tonaudiometrische Untersuchung und eine Prüfung der Gleichgewichtsfunktion, wie etwa durch Steh- und Tretversuch sowie Blindgang, nötig macht. Bei eventuellen Anzeichen auf Erkrankungen im Bereich der Hör- und Gleichgewichtsorgane wird deren Auswirkung auf die Eignung zum sicheren Beherrschen eines Kraftfahrzeuges beurteilt. Es kann auch zu einer Beobachtungsfahrt kommen. Geregelt ist das Thema Führerschein und Hörvermögen in § 9 FSG-GV.

In welchen Fällen bekomme ich aus gesundheitlichen Gründen keinen Führerschein?

Die geistige und körperliche Eignung, die durch ein ärztliches Gutachten festgestellt wird, ist Voraussetzung für die Erteilung einer Lenkberechtigung (§ 8 FSG bzw. FSG-GV). Als zum Lenken von Kraftfahrzeugen hinreichend gesund gilt eine Person, bei der keine in der Tabelle genannten Krankheiten oder Behinderungen festgestellt wurde. Wenn sich aus der Vorgeschichte oder bei der Untersuchung zur Feststellung der Gesundheit ein krankhafter Zustand ergibt, der die Eignung zum Lenken eines Kraftfahrzeuges einschränken oder ausschließen würde, wird gegebenenfalls eine fachärztliche, eventuell auch zusätzlich eine verkehrspsychologische Stellungnahme eingeholt. Personen, bei denen Defekte an den Gliedmaßen festgestellt wurden – wenn diese Defekte durch

Verwendung von Körperersatzstücken oder Behelfen oder von Fahrzeugen mit bestimmten Merkmalen oder von Invalidenkraftfahrzeugen oder Ausgleichkraftfahrzeugen ausgeglichen werden können – gelten als zum Lenken von Kraftfahrzeugen bedingt oder beschränkt geeignet.

Wann kann mir der Führerschein aus gesundheitlichen Gründen entzogen werden?

Die Entziehung bzw. Einschränkung oder das Erlöschen der Lenkberechtigung ist in § 24 FSG ausführlich geregelt. Wenn die Voraussetzungen für die Erteilung der Lenkberechtigung nicht mehr gegeben sind, ist von der Behörde entsprechend den Erfordernissen der Verkehrssicherheit die Lenkberechtigung zu entziehen oder die Gültigkeit der Lenkberechtigung durch Auflagen, Befristungen oder zeitliche, örtliche oder sachliche Beschränkungen einzuschränken. Es würde dann gemäß § 13 Abs 5 FSG ein neuer Führerschein ausgestellt. Gemäß § 25 Abs 2 FSG ist bei einer Entziehung wegen mangelnder gesundheitlicher Eignung die Dauer der Entziehung laut amtsärztlichem Gutachten festzusetzen.

Wenn bloß Bedenken bestehen, ob die Voraussetzungen der gesundheitlichen Eignung noch gegeben sind, wird eine amtsärztliche Untersuchung angeordnet.

Wer der Aufforderung, sich ärztlich untersuchen zu lassen bzw. die zur Erstattung des ärztlichen Gutachtens erforderlichen Befunde zu bringen, nicht Folge leistet, kann der befürchteten negativen Konsequenz nicht entgehen: In diesem Fall wird nämlich gemäß § 24 Abs 4 FSG die Lenkberechtigung bis zur Befolgung der Anordnung entzogen (Formalentziehung). Diese Entziehung der Lenkberechtigung setzt allerdings die Rechtskraft des Aufforderungsbescheides voraus (VwGH 15.5.2007, 2006/11/0272).

Selber ist man nicht verpflichtet, der Führerscheinbehörde allfällige gesundheitliche Verschlechterungen, die die Fahrtüchtigkeit schmälern könnten, zu melden. Es besteht bloß die Pflicht nach § 58 Abs 1 StVO, wonach man ein Fahrzeug nur dann lenken darf, wenn man sich in einer solchen körperlichen und geistigen Verfassung befindet, in der ein Fahrzeug beherrscht werden kann und in der die beim Lenken eines Fahrzeuges zu beachtenden Rechtsvorschriften befolgt werden können.

Könnte mir dann auch das Fahren mit dem Fahrrad untersagt werden?

Die StVO kennt individuelle Fahrverbote (§ 59 Verbot des Lenkens von Fahrzeugen). Danach hat die Behörde einer Person das Lenken eines Fahrzeuges, das ohne besondere Berechtigung gelenkt werden darf, ausdrücklich – also mit einem Bescheid – zu verbieten, wenn diese wegen körperlicher oder geistiger Mängel zum Lenken eines Fahrzeuges ungeeignet ist oder wegen ihres Verhaltens im Straßenverkehr, insbesondere im Hinblick auf wiederholte einschlägige Bestrafungen, eine Gefahr für die Sicherheit des Straßenverkehrs bildet. Das Verbot kann befristet oder unbefristet erlassen werden (§ 59 Abs 2 StVO), die Dauer müsste aber dem Grund für das Fahrverbot angepasst sein. Eine bloße Androhung des Verbotes ist nicht vorgesehen.

Die Straßenpolizeibehörde kann somit einer Person das Radfahren mit Bescheid verbieten, wenn diese wegen gesundheitlicher Mängel dazu nicht geeignet ist. Der Verwaltungsgerichtshof (19.10.1988, 88/02/0070) gibt dafür ein einprägsames Beispiel: „Ein Untersagungsgrund betreffend das Lenken von Fahrrädern ist gegeben, soweit ein Lenker als schwerfällig anzusehen ist und auf Grund seiner eingeschränkten Bewegungsmöglichkeit jederzeit damit gerechnet werden muss, dass er sich in kritischen Verkehrssituationen nicht sicher und rasch genug werde bewegen können. Es ist in einer Zusammenschau der insgesamt schlechte körperliche Zustand zu sehen; 77 Jahre, Körpergewicht von 125 kg; mehrere Gebrechen bzw. Einschränkungen im gesundheitlichen Bereich wie Atembeschwerden, Sehverminderung auf 0,3, schwerfälliges Gehen mit Stock.“

Nach der VwGH-Judikatur braucht die Behörde beim individuellen Fahrverbot in ihrer Bescheidbegründung auch nicht aufzuschlüsseln, inwieweit einzelne körperliche Mängel der betreffenden Person Einfluss darauf haben, dass diese derzeit zum Lenken von Fahrrädern ohne jede Einschränkung ungeeignet ist. Auch kann ein das Verbot des Lenkens von Fahrrädern begründender schlechter Gesundheitszustand nicht durch besondere Einsicht in die Notwendigkeit vorsichtigen Fahrens kompensiert werden (VwGH 19.10.1988, 88/02/0070).

Ein individuelles Fahrverbot kann je nach den Umständen auf eine bestimmte Fahrzeugart eingeschränkt, befristet oder unbefristet erlassen werden. Es ist aufzuheben oder einzuschränken, wenn die Mängel nicht mehr oder nicht mehr in vollem Umfange bestehen (§ 59 Abs 2 StVO). Eine Teilnahme am Straßenverkehr als Fußgänger/in – das ist übrigens auch wer ein Fahrrad nur schiebt – kann straßenpolizeilich aber nicht untersagt werden.

Wie ist das mit psychischen Gründen?

Schwere psychische Erkrankungen sind ein Hindernis für den Erwerb bzw. das Behalten der Lenkberechtigung. Psychische Krankheiten und Behinderungen schließen aber nicht generell die Eignung zum Lenken von Kraftfahrzeugen aus, sondern nur dann, wenn sie auf das Verhalten der betreffenden Person im Straßenverkehr, somit auf das Fahrverhalten, von Einfluss sein könnten (VwGH 19.7.2002, 2002/11/0051). Der Verwaltungsgerichtshof hat in einigen Fällen Führerscheinentziehungsbescheide im Zusammenhang mit psychischen Gründen wegen Rechtswidrigkeit aufgehoben. Ein Beispiel (VwGH 24.8.1999, 99/11/0149): Wenn eine Person dazu neigt, „massive Aversionen gegen Personen zu entwickeln, die ihr Unrecht zugefügt hätten“ ist ein Zusammenhang mit dem Lenken von Kraftfahrzeugen nicht zu sehen. Das gilt auch für auffälliges Verhalten (VwGH 25. 7. 2007, 2007/11/0024). Im vorliegenden Fall war „auffällig“, dass der Betroffene einen aus einem PKW hinausgeworfenen Pfirsichkern wieder in das Innere des Fahrzeuges zurückwarf.

Bringt die neue EU-Führerschein-Richtlinie verpflichtende Gesundenuntersuchungen?

In 17 Mitgliedsstaaten der EU ist der Führerschein bereits befristet und eine Verlängerung an Gesundenuntersuchungen geknüpft. In Österreich ist das aber zur Zeit allgemein nicht der Fall. Auch die neue EU-Führerschein-Richtlinie (RL 2006/126/EG des Europäischen Parlaments und des Rates vom 20.12.2006) verpflichtet die Staaten nicht zur Einführung von periodischen Gesundenuntersuchungen für Führerscheinbesitzer/innen. Der österreichische Gesetzgeber könnte sich aber jederzeit dafür entscheiden. Bis 19.1.2011 ist die genannte Richtlinie in nationales Recht umzusetzen. Welche Inhalte dann ein dementsprechend umgestaltetes Führerscheingesetz haben wird, ist derzeit noch nicht abzusehen. Eine Schranke hat der Gesetzgeber aber jetzt schon eingezogen. Gemäß § 27 Abs 1 Z 4 FSG erlischt die Lenkberechtigung 100 Jahre nach der Erteilung.

Seit 1. 3. 2006 werden nur mehr Scheckkartenführerscheine ausgegeben. Nähere Informationen dazu können auf der Informationswebsite des Verkehrsministeriums *www.scheckkartenfuehrerschein.at* eingesehen werden. Bestehende Papierführerscheine können – müssen aber nicht – umgetauscht werden. Derzeit im Umlauf befindliche Führerscheine bleiben aller Voraussicht nach bis zum Jahr 2032 gültig. Führerscheine, die nach 2012 ausgestellt werden, könnten aus heutiger Sicht auf zehn oder 15 Jahre befristet sein. Mit einer Verlängerung wäre eine ärztliche Untersuchung oder Fahrprüfung nach derzeitigem Stand nicht verbunden.

Von derartigen ärztlichen Gesundenuntersuchungen zu unterscheiden sind die – auch in der folgenden Tabelle angeführten – ärztlichen Kontrolluntersuchungen, die bei bestimmten Beeinträchtigungen der gesundheitlichen Eignung bereits nach derzeitiger Rechtslage als Auflage erteilt werden. Wer die Auflage ärztlicher Kontrolluntersuchungen nicht einhält, kann die Verkehrszuverlässigkeit verlieren (§ 7 Abs 3 Z 12 FSG). Diese ist aber für die Lenkberechtigung relevant (§ 3 Abs 1 Z 2 FSG). Ein Führerscheinentziehungsverfahren (§§ 24-26 FSG) ist daher denkbar.

Führerscheinverbote und -beschränkungen nach §§ 5 bis 16 FSG-GV

- Alkoholabhängigkeit bzw. wenn die Person den Konsum nicht so weit einschränken kann, dass sie beim Lenken eines Kraftfahrzeuges nicht beeinträchtigt ist. Es darf eine Lenkberechtigung weder erteilt noch belassen werden. Personen, bei denen der Verdacht einer Alkoholabhängigkeit besteht, müssen eine fachärztliche psychiatrische Stellungnahme bringen. Personen, die alkoholabhängig waren oder damit gehäuften Missbrauch begangen haben, ist nach einer befürwortenden fachärztlichen Stellungnahme und unter der Auflage ärztlicher Kontrolluntersuchungen eine Lenkberechtigung der Gruppe 1 zu erteilen oder wiederzuerteilen.
- Allgemeinerkrankungen, die schwer sind und die das sichere Beherrschen des Kraftfahrzeuges und das Einhalten der für das Lenken des Kraftfahrzeuges geltenden Vorschriften beeinträchtigen könnten.
- Alterungsprozess, ein pathologischer, der schwerwiegend ist. Es darf eine Lenkberechtigung nur dann erteilt oder belassen werden, wenn das ärztliche Gutachten auf Grund einer psychiatrischen fachärztlichen Stellungnahme, in der die kraftfahrspezifische Leistungsfähigkeit mitbeurteilt wird, die Eignung bestätigt.
- Angina-pectoris-Anfälle. Es darf eine Lenkberechtigung der Gruppe 2 weder erteilt noch belassen werden; für die Gruppe 1 kann eine Lenkberechtigung nur nach einer befürwortenden fachärztlichen Stellungnahme erteilt oder belassen werden.
- Anpassungsstörung, die schwer und persönlichkeitsbedingt ist. Es darf eine Lenkberechtigung nur dann erteilt oder belassen werden, wenn das ärztliche Gutachten auf Grund einer psychiatrischen fachärztlichen Stellungnahme, in der die kraftfahrspezifische Leistungsfähigkeit mitbeurteilt wird, die Eignung bestätigt.
- Arzneimittelabhängigkeit bzw. wenn die Person den Konsum nicht so weit einschränken kann, dass sie beim

Lenken eines Kraftfahrzeuges nicht beeinträchtigt ist. Es darf eine Lenkberechtigung weder erteilt noch belassen werden. Personen, bei denen der Verdacht einer Arzneimittelabhängigkeit besteht, müssen eine fachärztliche psychiatrische Stellungnahme bringen. Personen, die aus medizinischen Gründen Arzneimittel erhalten, die geeignet sind, die Fahrtauglichkeit zu beeinträchtigen, darf nach einer befürwortenden fachärztlichen Stellungnahme eine Lenkberechtigung erteilt oder belassen werden. Personen, die arzneimittelabhängig waren oder damit gehäuften Missbrauch begangen haben, ist nach einer befürwortenden fachärztlichen Stellungnahme und unter der Auflage ärztlicher Kontrolluntersuchungen eine Lenkberechtigung der Gruppe 1 zu erteilen oder wiederzuerteilen.

- Augenkrankheiten, die das Sehvermögen beeinträchtigen.
- Augenzittern (Nystagmus). Es ist auch bei Erbringen der geforderten Sehschärfe eine fachärztliche Stellungnahme zu bringen, die die Eignung zum Lenken bestätigt.
- Bewusstseinsstörungen oder -trübungen. Erkrankungen, bei denen es zu unvorhersehbaren Bewusstseinsstörungen oder -trübungen kommt.
- Blutdruckanomalien. Die entscheidenden Faktoren sind die möglichen Komplikationen und die daraus gegebenenfalls für die Sicherheit im Straßenverkehr erwachsende Gefahr.
- Diabetes mellitus; siehe Zuckerkrankheit.
- Epilepsie. Es kann eine Lenkberechtigung der Gruppe 1 nur unter Einbeziehung einer befürwortenden fachärztlichen Stellungnahme erteilt oder belassen werden. Dabei werden klinische Form und Entwicklung, die bisherige Behandlung, Anfallsfreiheit und Anfallsrisiko beurteilt. Eine Lenkberechtigung der Gruppe 2 darf solchen Personen nicht erteilt oder belassen werden.
- Geistige Behinderung, die erheblich ist. Es darf eine Lenkberechtigung nur dann erteilt oder belassen werden, wenn das ärztliche Gutachten auf Grund einer psychiatrischen fachärztlichen Stellungnahme, in der die kraftfahrspezifi-

sche Leistungsfähigkeit mitbeurteilt wird, die Eignung bestätigt.

- Gelenke – eingeschränkte Beweglichkeit, die das sichere Beherrschen des Kraftfahrzeuges beeinträchtigen kann.
- Gleichgewichtsstörungen.
- Gliedmaßen – eingeschränkte Beweglichkeit, die das sichere Beherrschen des Kraftfahrzeuges beeinträchtigen kann.
- Gliedmaßendefekte, die das sichere Beherrschen des Kraftfahrzeuges beeinträchtigen können.
- Herzinfarkt. Es darf eine Lenkberechtigung nur vorbehaltlich einer befürwortenden fachärztlichen Stellungnahme erteilt oder belassen werden.
- Herzrhythmusstörungen, die zu unvorhergesehenen Bewusstseinstrübungen oder -störungen führen können.
- Herzschrittmacher. Es darf eine Lenkberechtigung nur vorbehaltlich einer befürwortenden fachärztlichen Stellungnahme erteilt oder belassen werden.
- Hörvermögen, mangelhaftes.
- Implantat: Personen, die ein Implantat erhalten haben, darf, wenn sich dies auf die Fahrtüchtigkeit auswirken kann, eine Lenkberechtigung nur nach einer befürwortenden Stellungnahme eines zuständigen Facharztes und gegebenenfalls ärztlicher Kontrolluntersuchungen erteilt oder belassen werden.
- Lokale Erkrankungen, die schwer sind und die das sichere Beherrschen des Kraftfahrzeuges und das Einhalten der für das Lenken des Kraftfahrzeuges geltenden Vorschriften beeinträchtigen könnten.
- Muskelbewegungskoordination – grobe Störungen die das sichere Beherrschen des Kraftfahrzeuges beeinträchtigen können.
- Muskulatur – eingeschränkte Beweglichkeit, die das sichere Beherrschen des Kraftfahrzeuges beeinträchtigen kann.
- Nervenkrankheiten. Organische Erkrankungen des zentralen oder peripheren Nervensystems, die das sichere Beherrschen des Kraftfahrzeuges und das Einhalten der für das Lenken des Kraftfahrzeuges geltenden Vorschriften

beeinträchtigen könnten. Personen, die an einer schweren Erkrankung des Nervensystems leiden, darf eine Lenkberechtigung nur erteilt oder belassen werden, wenn die Eignung zum Lenken von Kraftfahrzeugen auch durch eine fachärztliche Stellungnahme bestätigt wird. Störungen des Nervensystems, die auf Erkrankungen, Verletzungen oder Operationen des zentralen oder peripheren Nervensystems zurückzuführen sind, sich in motorischen, sensiblen, sensorischen, trophischen und/oder neuropsychiatrischen oder neuropsychologischen Symptomen äußern und das Gleichgewicht und die Koordination stören, sind im Hinblick auf ihre kraftfahrspezifische Funktionsbeeinträchtigung und Prognose zu beurteilen. Bei Gefahr einer Verschlechterung kann die Lenkberechtigung nur unter der Auflage ärztlicher Kontrolluntersuchungen und amtsärztlicher Nachuntersuchungen erteilt oder belassen werden.

- Nierenkrankheiten. Nach einer befürwortenden Stellungnahme eines zuständigen Facharztes kann Personen, die unter einer schweren Niereninsuffizienz leiden, unter der Auflage ärztlicher Kontrolluntersuchungen eine Lenkberechtigung der Gruppe 1 erteilt oder belassen werden. Personen, die unter einer schweren Niereninsuffizienz leiden, darf eine Lenkberechtigung der Gruppe 2 nur in außergewöhnlichen, durch die Stellungnahme eines zuständigen Facharztes begründeten Fällen und unter der Auflage ärztlicher Kontrolluntersuchungen erteilt oder belassen werden.
- Nystagmus; siehe Augenzittern.
- Organtransplantation. Personen, an denen eine Organtransplantation vorgenommen wurde, darf, wenn sich dies auf die Fahrtüchtigkeit auswirken kann, eine Lenkberechtigung nur nach einer befürwortenden Stellungnahme eines zuständigen Facharztes und gegebenenfalls ärztlicher Kontrolluntersuchungen erteilt oder belassen werden.
- Psychische Erkrankungen, die schwer sind. Als ausreichend frei von psychischen Krankheiten gelten Personen, bei denen keine Erscheinungsformen von solchen Krankheiten

vorliegen, die eine Beeinträchtigung des Fahrverhaltens erwarten lassen. Wenn sich aus der Vorgeschichte oder bei der Untersuchung der Verdacht einer psychischen Erkrankung ergibt, der die psychische Eignung zum Lenken eines Kraftfahrzeuges einschränken oder ausschließen würde, ist eine psychiatrische fachärztliche Stellungnahme zu bringen, die die kraftfahrspezifische Leistungsfähigkeit mitbeurteilt. Personen, bei denen eine angeborene oder infolge von Krankheiten, Verletzungen oder neurochirurgischen Eingriffen erworbene schwere psychische Störung besteht, darf eine Lenkberechtigung nur dann erteilt oder belassen werden, wenn das ärztliche Gutachten auf Grund einer psychiatrischen fachärztlichen Stellungnahme, in der die kraftfahrspezifische Leistungsfähigkeit mitbeurteilt wird, die Eignung bestätigt.

- Raum- und Muskelsinn – grobe Störungen, die das sichere Beherrschen des Kraftfahrzeuges beeinträchtigen können.
- Respiratorische Insuffizienz oder Vitalkapazität unter 1,5 Liter Atemluft, verursacht durch organische Veränderungen.
- Sehvermögen, mangelhaftes.
- Suchtmittelabhängigkeit bzw. wenn die Person den Konsum nicht so weit einschränken kann, dass sie beim Lenken eines Kraftfahrzeuges nicht beeinträchtigt ist. Es darf eine Lenkberechtigung weder erteilt noch belassen werden. Personen, bei denen der Verdacht einer Suchtmittelabhängigkeit besteht, müssen eine fachärztliche psychiatrische Stellungnahme bringen. Personen, die aus medizinischen Gründen Suchtmittel erhalten, die geeignet sind, die Fahrtauglichkeit zu beeinträchtigen, darf nach einer befürwortenden fachärztlichen Stellungnahme eine Lenkberechtigung erteilt oder belassen werden. Personen, die suchtmittelabhängig waren oder damit gehäuften Missbrauch begangen haben, ist nach einer befürwortenden fachärztlichen Stellungnahme und unter der Auflage ärztlicher Kontrolluntersuchungen eine Lenkberechtigung der Gruppe 1 zu erteilen oder wiederzuerteilen.

- Tastgefühl – grobe Störungen, die das sichere Beherrschen des Kraftfahrzeuges beeinträchtigen können.
- Urteilsvermögensstörung, die schwer und persönlichkeitsbedingt ist. Es darf eine Lenkberechtigung nur dann erteilt oder belassen werden, wenn das ärztliche Gutachten auf Grund einer psychiatrischen fachärztlichen Stellungnahme, in der die kraftfahrspezifische Leistungsfähigkeit mitbeurteilt wird, die Eignung bestätigt.
- Verhaltensstörung, die schwer und persönlichkeitsbedingt ist. Es darf eine Lenkberechtigung nur dann erteilt oder belassen werden, wenn das ärztliche Gutachten auf Grund einer psychiatrischen fachärztlichen Stellungnahme, in der die kraftfahrspezifische Leistungsfähigkeit mitbeurteilt wird, die Eignung bestätigt.
- Zuckerkrankheit. Es darf eine Lenkberechtigung nur nach einer befürwortenden fachärztlichen Stellungnahme erteilt oder belassen werden. Zuckerkranken Personen, die mit Insulin behandelt werden müssen, darf eine Lenkberechtigung der Gruppe 2 nur in außergewöhnlichen, durch die Stellungnahme einer zuständigen Fachärztin oder eines zuständigen Facharztes begründeten Fällen und unter der Auflage ärztlicher Kontrolluntersuchungen und amtsärztlicher Nachuntersuchungen erteilt oder belassen werden.

Anmerkung
Lenkberechtigungen der Gruppe 1 betreffen Kraftfahrzeuge der Klassen A, B, B+E und F (§ 1 Z 8 FSG-GV); Lenkberechtigungen der Gruppe 2 betreffen Kraftfahrzeuge der Unterklassen C1 und C1+E sowie der Klassen C, D, C+E, D+E und G (§ 1 Z 9 FSG-GV). Die Klassen und Unterklassen der Kraftfahrzeuge, für die eine Lenkberechtigung erteilt werden kann, sind in § 2 FSG aufgelistet.

Was bedeutet der Zahlencode in meinem Führerschein?

Die Bedeutung des Zahlencodes im eigenen Führerschein müsste eigentlich jede Person kennen, denn § 2 Abs 6 Führerscheingesetz-Durchführungsverordnung (FSG-DV) schreibt vor, dass die Bedeutung der Zahlencodes in einem Merkblatt zur Kenntnis zu bringen ist, wenn einer Person ein Führerschein mit einem Code ausgehändigt wird. Die durch das europäische Gemeinschaftsrecht harmonisierten Zahlencodes und Untercodes sind im gesamten EWR-Raum gleich. Die Codes sind taxativ aufgezählt. Auflagen, für die keine Codes vorgesehen sind, wären unzulässig. Das Nichtbeachten einer eingetragenen Code-Auflage berührt die Gültigkeit der Lenkberechtigung und wird als Lenken eines Kraftfahrzeuges ohne Lenkberechtigung geahndet!

Wer gerne einen Blick in fremde Führerscheine wirft, kann sich mit Hilfe von § 2 FSG-DV Kenntnis verschaffen. Der Code 0.4. war ursprünglich für die Auflage vorgesehen, dass zusätzlich zum Führerschein ein ärztliches Attest mitzuführen ist. Da es eine derartige Rechtspflicht in Österreich nicht gibt – auch im europäischen Gemeinschaftsrecht nicht – wird dieser Code nicht mehr eingetragen. Wer ihn noch im Führerschein hat, kann diesen umtauschen.

Wo kann ich den, für den Führerschein notwendigen, Erste-Hilfe-Kurs machen?

Bekanntlich darf einer Person nur dann eine Lenkberechtigung erteilt werden, wenn sie den Nachweis erbracht hat, in lebensrettenden Sofortmaßnahmen bei einem Verkehrsunfall bzw. in Erster Hilfe für die Lenkberechtigung für die Klasse D, unterwiesen worden zu sein (§ 3 Abs 1 Z 5 FSG). Betreffend diejenigen Institutionen, die befugt sind, diese Unterweisung in lebensrettenden Sofortmaßnahmen abzuhalten, besteht eine Verordnungsermächtigung (§ 3 Abs 3 FSG) für das Verkehrsministerium, im Einvernehmen mit dem Sozialministerium. Auch Inhalt und zeitlicher Umfang der Unterweisung sind durch Verordnung festzulegen.

Die Umsetzung dieses gesetzlichen Auftrages erfolgte mit § 6 FSG-DV.

Die berechtigten Institutionen sind gemäß § 6 Abs 2 FSG-DV:

- Österreichisches Rotes Kreuz
- Arbeiter-Samariterbund
- Hospitaldienst des souveränen Malteser Ritterordens
- Ärztekammer
- Rettungs- oder Krankenbeförderungsdienst einer Gebietskörperschaft
- Johanniter-Unfall-Hilfe
- Grünes Kreuz (ein österreichweiter eigenständiger Rettungs-, Krankentransport und Sanitätshilfsdienst)
- Sonstige Einrichtungen, denen gemäß § 45 Sanitätergesetz (SanG) das Modul zur Ausbildung zum Rettungssanitäter bewilligt wurde.

Was muss ich dafür können?

Die Unterweisung in lebensrettenden Sofortmaßnahmen hat den Bewerberinnen und Bewerbern um eine Lenkberechtigung für die Klassen A, B, C, F und G sowie die Unterklasse C1 durch theoretische Unterweisung und praktische Übungen in der Dauer von mindestens sechs Stunden die Grundzüge der Erstversorgung von Unfallverletzten im Straßenverkehr zu vermitteln (§ 6 Abs 1 FSG-DV).

Die Inhalte sind:

- Bergung aus akuter Gefahr
- Lagerung
- Maßnahmen bei Atemstillstand
- Maßnahmen bei Herzstillstand
- Maßnahmen bei Blutungen
- Schockbekämpfung.

Eine eigene Prüfung ist nicht vorgesehen, obgleich manche Institutionen interne Tests anwenden. Zu beachten ist jedoch, dass gemäß § 6 Abs 4 FSG-DV für Personen mit mangelnder Mitarbeit keine Bescheinigung ausgestellt werden darf.

Krankheiten, Behinderungen und Medikamente im Straßenverkehr

Kranke oder durch Medikamente beeinträchtigte Personen, stellen eine Gefahr im Straßenverkehr dar. Daher normiert die Straßenverkehrsordnung Regeln über die Fahrtüchtigkeit. Andererseits wird z.B. die Mobilität von dauernd stark gehbehinderten Personen gefördert, indem diese Park-Vorrechte genießen.

Wann darf ich nach der Einnahme von Medikamenten nicht mit dem Auto fahren?

Eine Fahruntüchtigkeit, die nicht durch Alkohol, sondern z.B. durch Medikamente hervorgerufen wurde, wird der StVO-Bestimmung des § 58 Abs 1 (Allgemeine Vorschriften über den Fahrzeugverkehr und das Lenken von Fahrzeugen) unterstellt. Darunter fallen beeinträchtigende Zustände wie Krankheit, Übelkeit, Übermüdung, Erregung usw. Es darf nämlich ein Fahrzeug nur dann gelenkt werden, wenn man sich in einer solchen körperlichen und geistigen Verfassung befindet, in der ein Fahrzeug beherrscht werden kann und in der die beim Lenken eines Fahrzeuges zu beachtenden Rechtsvorschriften befolgt werden können. Wer aufgrund der Einnahme von Allergiemitteln stark ermüdet, darf dann kein Fahrzeug lenken. Zu beachten ist aber umgekehrt, dass in manchen Fällen die regelmäßige Einnahme von Medikamenten sogar eine unverzichtbare Voraussetzung für die Teilnahme am Straßenverkehr sein kann – man denke etwa an die Zuckerkrankheit. Eine Fahruntüchtigkeit kann somit auch durch Unterlassung einer Medikamenteneinnahme hervorgerufen werden. Bei der Einnahme von manchen Medikamenten kann das auch nur von der Dosis abhängen, wobei es dann sein kann, dass es nur einen schmalen Bereich gibt, wo Fahrtüchtigkeit vorliegt und der Tatbestand des § 58 Abs 1 StVO nicht erfüllt wird. Von Fachleuten wurde gefordert, dass Arzneimittel-Warnhinweise in Zukunft nicht nur bloß abstrakt vor Gefahren im Zusammenhang mit dem Lenken von Fahrzeugen warnen, sondern hilfreiche Anhaltspunkte für Art, Dauer und Intensität der Beeinträchtigung bieten sollten.

Werde ich auch bestraft, wenn Medikamente eine Alkoholwirkung verstärkt haben?

Eine verschärfte Strafbarkeit nach § 5 StVO – Beeinträchtigung durch Alkohol oder Suchtmittel – ist dann gegeben, wenn durch die Kombination von Alkohol und Medikamenten eine Fahruntüchtigkeit eintritt. Dies auch dann, wenn auch oder sogar überwiegend die Einnahme eines Medikamentes dafür verantwortlich ist. Es ist nämlich daran zu denken, dass die Wirkung von Medikamenten durch Alkoholkonsum gesteigert oder reduziert werden kann.

Wenn die Behörde annehmen muss, dass eine Person beim Lenken von Kraftfahrzeugen die Verkehrssicherheit durch Trunkenheit oder einen durch Suchtmittel oder Medikamente beeinträchtigten Zustand gefährden wird (§ 7 Abs 1 Z 1 FSG) steht deren Verkehrszuverlässigkeit in Frage. Diese ist aber für die Lenkberechtigung relevant (§ 3 Abs 1 Z 2 FSG). Ein Führerscheinentziehungsverfahren (§§ 24-26 FSG) ist daher denkbar.

Darf ich mit einem Gipsfuß in der Behindertenzone parken?

Behindertenparkplätze, die von der zuständigen Straßenverwaltungsbehörde gemäß § 43 Abs 1 Z 2 lit d StVO eingerichtet werden können, dürfen nur von „dauernd stark gehbehinderten Personen" benützt werden. Die Behörde stellt solchen Personen auf deren Ansuchen einen Ausweis nach § 29b StVO aus. Bei Wegfall der dauernd starken Gehbehinderung besteht die Pflicht, den Ausweis der ausstellenden Behörde unverzüglich abzuliefern. Damit dürfen sie z.B. auch im Parkverbot halten und parken und ihr Fahrzeug in Kurzparkzonen ohne zeitliche Beschränkung stehen lassen. Ob jemand „dauernd stark gehbehindert" ist, wird durch ein ärztliches Gutachten festgestellt. Wegen des Begriffes „dauernd“ wird eine bloß vorübergehende Beeinträchtigung nicht akzeptiert. Mit einem Gipsfuß dürfen Behindertenparkplätze somit nicht benützt werden. Zum Begriff der „Gehbehinderung“ gibt es eine umfangreiche Rechtsprechung. Fest steht, dass Blindheit keine Gehbehinderung in diesem Sinn begründet (VwGH 13.10.1993, 93/02/0134); auch beim Gehen auf die Hilfe einer Begleitperson angewiesen zu sein, ist alleine nicht ausreichend, um einen Anspruch auf Ausstellung eines Gehbehindertenausweises zu begründen (VwGH 22.3.1995, 94/03/0295).

Der Ausweis nach §29b StVO dient gleichzeitig als Nachweis der dauernden schweren Gehbehinderung für:

- die Befreiung von der motorbezogenen Versicherungssteuer,
- das Ansuchen um finanzielle Unterstützungen für die Adaptierung von Kraftfahrzeugen und
- die Rückvergütung der Normverbrauchsabgabe.

Darf man vor Krankenhäusern wirklich nicht hupen?

Ganz allgemein gilt, dass die „Abgabe von Schallzeichen“ – also das Hupen, aber auch das Betätigen einer Fahrradklingel – grundsätzlich verboten ist, außer die Verkehrssicherheit erfordert es (§ 22 Abs 2 Satz 1 StVO). Vor Krankenhäusern besteht kein strengeres Hupverbot, sondern eine Schallabgabebeschränkung. Vor „gekennzeichneten“ Krankenhäusern, dafür gibt es das Hinweiszeichen „H/ Spital“ gemäß § 53 Abs 1 Z 2 StVO, dürfen Schallzeichen nicht länger als unbedingt nötig abgegeben werden (§ 22 Abs 2 Satz 2 StVO). Die Spitalskennzeichnung kann nach der rechtswissenschaftlichen Lehre nicht nur bei Krankenanstalten im eigentlichen Sinn, sondern bei jedem Gebäude angebracht werden, das zur Aufnahme kranker oder gebrechlicher Personen bestimmt ist, z.B. bei Kurhäusern, Sanatorien, Altersheimen und Rehabilitationszentren.

Wann muss man Erste Hilfe leisten?

Gemäß § 95 StGB ist die Unterlassung der Hilfeleistung bei einem Unglücksfall oder einer Gemeingefahr gerichtlich strafbar. Daraus lässt sich erkennen, dass Erste Hilfe auch rechtlich nicht auf Verkehrsunfälle beschränkt ist.
Ein Unglücksfall ist ein plötzlich eintretendes Ereignis, das einen erheblichen Schaden an Personen oder Sachen verursacht oder einen derartigen Schaden befürchten lässt. Ein Schifahrer ist unter eine Lawine geraten. Ein Badegast ist mit einem Segelboot gekentert. Eine Arbeitskollegin erleidet einen epileptischen Anfall. Ein Betrunkener liegt auf der Fahrbahn. Es ist egal, ob der Unglücksfall zufällig, als Folge einer kriminellen Handlung oder von der verunglückten Person selbst verursacht worden ist.
Gemeingefahr bedeutet eine Gefahr für Leib und Leben einer größeren Zahl von Menschen. Brand, Überschwemmung, Lawinen- und Murenabgang, Brückeneinsturz, Tankwagenexplosion usw.

Wer muss Erste Hilfe leisten?

Prinzipiell muss jede Person Erste Hilfe leisten, die sich am Unfallort befindet oder zu diesem kommt und nicht bereits eine sachkundige und ausreichende Hilfeleistung durch andere vorfindet. Die bloße Anwesenheit von zuschauenden Personen oder die Information, dass die Rettung schon verständigt wurde, befreit nicht. Darüber hinaus ist jede Person verpflichtet „die offensichtlich erforderliche Hilfe zu leisten", die zum Unglücksfall bzw. zur Gemeingefahr in einer räumlichen Nahebeziehung steht, z.B. ein Anrainer, der gebeten wird, die Rettung anzurufen.

Kann man bestraft werden, wenn man sich die Erste Hilfe nicht zutraut?

Gemäß § 95 Abs 1 StGB wird man nur bestraft, wenn die Hilfeleistung zumutbar ist. § 95 Abs 2 StGB sieht insbesondere darin eine Unzumutbarkeit, dass die Hilfeleistung nur unter

Gefahr für Leib und Leben oder unter Verletzung anderer ins Gewicht fallender Interessen möglich wäre. Beispielsweise muss ein ungeübter Schwimmer nicht in das tiefe Wasser springen, um einen Ertrinkenden zu retten. Die Angst, bei der Hilfeleistung etwas falsch zu machen, begründet aber keinesfalls eine Unzumutbarkeit.

Wer allerdings die Verletzung selbst verursacht hat – egal ob rechtmäßig oder widerrechtlich –, z.B. bei einem Verkehrsunfall, im Rahmen einer Notwehrhandlung, wird anders beurteilt. Für Verursacher/innen kommt § 94 StGB (Imstichlassen eines Verletzten) zur Anwendung. Auch hier gilt die Zumutbarkeitsregel. Allerdings ist man nur dann entschuldigt, wenn die Hilfeleistung nur unter der Gefahr des Todes oder einer beträchtlichen Körperverletzung oder Gesundheitsschädigung oder unter Verletzung anderer überwiegender Interessen möglich wäre. Eine z.B. leichte Körperverletzung im Zuge der Hilfeleistung ist hier hinzunehmen.

Was muss die „Autoapotheke" beinhalten?

Vorweg: Es gibt im rechtlichen Sinn keine „Autoapotheke". Gemeint ist damit das Verbandzeug im Sinne des § 102 KFG. Lenker/innen eines Kfz – auch eines einspurigen – müssen auf Fahrten Verbandzeug, das zur Wundversorgung geeignet und in einem widerstandsfähigen Behälter staubdicht verpackt und gegen Verschmutzung geschützt ist, mitführen (§ 102 Abs 10 KFG). Bereitstellen muss es die Zulassungsbesitzerin oder der Zulassungsbesitzer (§ 103 Abs 1 Z 2 lit a KFG). Es ist gesetzlich kein Mindestinhalt vorgeschrieben. Das Verbandzeug muss auch nicht den Ö-Normen (V 5100, V 5101) entsprechen, es muss lediglich steril und staubdicht verpackt sein. Bei einer Fahrzeugkontrolle durch die Polizei muss man das Verbandzeug den Polizistinnen oder Polizisten nicht „aushändigen", wie das z.B. für die Fahrzeugpapiere vorgesehen ist, sondern nur „zugänglich machen" (§ 102 Abs 11 KFG).

Urlaub und Freizeit

- Gesunde Waldluft
- Erholung im Wald
- Heilkräutersammeln
- Badeteiche und -seen
- Fitness „auf Krankenschein“
- Freizeitunfälle
- Rettungskosten
- Freizeitsport und Dopingverbot
- Gesundheitshotels
- Solarien

Erholung im Freien

Erholung im Freien kollidiert – ausgenommen im eigenen Garten – immer mit den Interessen anderer Personen, deren Grund dafür in Anspruch genommen wird. Ein gutes Beispiel dafür ist der Wald. Es ist der Rechtsordnung ein Anliegen, hier für einen Interessenausgleich zwischen Erholungsbedürftigen und Grundbesitzer/innen zu sorgen.

Kann ich, wenn ich meine Freizeit in gesunder Waldluft verbringen möchte, aus dem Wald vertrieben werden?

Im Wald gilt ein allgemeines Betretungsrecht. § 33 Abs 1 des Forstgesetzes (ForstG) ist der juristische Sitz der berühmten „Wegefreiheit im Wald“, die insofern missverständlich ist, als nicht nur auf Waldwegen, sondern auch im wegelosen Wald gegangen werden darf. Das Betretungs- und Aufenthaltsrecht unterliegt allerdings forst-, jagd- und naturschutzrechtlichen Beschränkungen. Liegen aber keine solchen vor, dürfen Personen, die im Wald spazieren, nicht aus dem Wald gewiesen werden. Waldeigentümerinnen und Waldeigentümer müssen dies, als sog. Legalservitut, dulden. In § 6 Abs 2 lit d ForstG wird die Erholungswirkung – „das ist insbesondere die Wirkung des Waldes als Erholungsraum auf die Waldbesucher“ – näher beschrieben. Damit ist festgehalten, dass die Erholungsfunktion des Waldes eine unmittelbare ist (Erholung wird durch den Besuch des Waldes erreicht) und nicht bloß eine mittelbare. Erholung wird auch ohne Besuch des Waldes durch eine waldbedingte Verbesserung des Kleinklimas erreicht – das ist die sogenannte Wohlfahrtswirkung. Die Betretbarkeit des Waldes ist also die Voraussetzung der vom Forstgesetz beabsichtigten Erholungswirkung.

Jede Art des Fahrzeugverkehrs – auch das Mountainbiken – bedarf aber einer Zustimmung der Waldeigentümerin oder des Waldeigentümers bzw. der Person, die eine Forststraße erhält. Diese Zustimmung kann entweder persönlich oder durch Tafeln ausgedrückt werden.

Stimmt es, dass der Wald nur aus gesundheitlichen Gründen betreten werden darf?

Nicht richtig ist, dass gesundheitliche Gründe ausschlaggebend sein müssen.
Wohl nennt das Forstgesetz eine Wohlfahrtswirkung des Waldes (§ 6 Abs 2 lit c), das ist der Einfluss auf die Umwelt und zwar insbesondere auf den Ausgleich des Klimas und des Wasserhaushaltes, auf die Reinigung und Erneuerung von Luft und Wasser, und eine Erholungswirkung (§ 6 Abs 2 lit d) und spricht damit auch kleinklimatische und gesundheitliche Aspekte an. Für das Betretungs- und Aufenthaltsrecht im Wald heißt die gesetzliche Beschränkung aber „zu Erholungszwecken“. Das bedeutet nach den Gesetzesmaterialien eine Abgrenzung zu kommerziellen Zwecken wie z.B. Fotoaufnahmen im Wald für eine Werbeagentur. Ob sich jemand nun im Wald im buchstäblichen Sinn erholt oder sich aber vielleicht aus sportlichen Gründen bis zur Erschöpfung verausgabt, ist ohne Relevanz. Nicht hinderlich ist auch, wenn den Menschen, die den Wald besuchen, die Erholsamkeit des Waldaufenthalts nicht bewusst ist wie z. B. Kindern beim Spielen. Der Erholungsauftrag gilt eher der forstlichen Raumplanung. In § 6 Abs 3 lit a schreibt der Gesetzgeber nämlich der forstlichen Raumplanung vor, dass in Gebieten mit Konzentration von Wohn- und Arbeitsstätten sowie von Verkehrsflächen die räumliche Anordnung und Ausgestaltung der Wälder so beschaffen sein soll, dass die Schutz-, Wohlfahrts- und Erholungswirkungen des Waldes gewährleistet sind.

Was ist ein Erholungswald?

In gewissem Sinn ist jeder Wald ein Erholungswald. Denn die Erholungswirkung gilt ja gesetzlich als eine Funktion des Waldes. Bereits im Jahr 1971 wurde erstmals gesetzlich der Wald als Erholungsraum anerkannt. Das Gesetz zur Verbesserung der Schutz- und Erholungswirkungen des Waldes (BGBl 1971/371) stellte Förderungsmittel zur Verbesserung der Erholungswirkung zur Verfügung. Als Maßnahmen im Interesse

der Erholung nannte das Gesetz u. a. Eingriffe in den Waldbestand, z.B. Auflichtungen, Sichtschneisen, Offenhalten von Freiflächen, die betriebswirtschaftlich nicht erforderlich wären und zusätzliche Kosten oder verminderte Erträge hervorrufen, die Errichtung und Erhaltung von erholungswirksamen Anlagen wie Waldpfade, Waldparkplätze, Rastplätze, Spielstätten und die Übernahme von Schadens- und Haftungsrisken, die der Grundeigentümerin bzw. dem Grundeigentümer aus der Begehung des Waldes zu Erholungszwecken erwachsen.
Ein Erholungswald im engeren Sinn kann gemäß § 36 ForstG eingerichtet werden. Danach können Waldflächen zum Erholungswald erklärt werden, wenn an der Benützung von Wald für Zwecke der Erholung ein öffentliches Interesse besteht. Das kann darin bestehen, dass ein Massenbesuch, vor allem aus Ballungsräumen, in geordnete Bahnen gelenkt wird oder darin, dass die Schaffung, Erhaltung und Gestaltung von Erholungsräumen in Tourismusgebieten wünschenswert erscheint. Berechtigt, einen Antrag auf Erklärung zum Erholungswald zu stellen, sind das Land vom Standpunkt der Landesraumplanung, die Gemeinde, in der die Waldfläche liegt oder aus der erfahrungsgemäß die überwiegende Anzahl der Waldbesucher/innen kommt, die nach den landesgesetzlichen Vorschriften zur Wahrnehmung der Interessen des Fremdenverkehrs berufene Stelle, Organisationen, deren Mitglieder die Waldfläche regelmäßig begehen, sowie die Waldeigentümerin bzw. der Waldeigentümer. Die Erklärung darf nur ergehen, wenn sie keine von der Eigentümerin bzw. vom Eigentümer dauerhaft gesperrte Fläche betrifft, nicht eine örtlich erforderliche Schutzwirkung gefährden würde und auch sonst keine schwerwiegenden Bedenken bestehen. Bei gleicher Eignung, je nach Lage, Größe, Bestandszusammensetzung, Geländegestaltung, Zugänglichkeit, Erreichbarkeit, ist Wald im Eigentum von Gebietskörperschaften zum Erholungswald zu erklären. Nach Rechtskraft der behördlichen Erklärung zum Erholungswald können Gestaltungseinrichtungen, durch die die Erholungswirkung des Waldes erhöht wird, geschaffen werden. Beispiele wären Parkplätze, Spiel- und Lagerwiesen,

Sitzgelegenheiten, Wander-, Radfahr- und Reitwege, Hütten, Tiergehege, Waldlehr- und -sportpfade und Sporteinrichtungen. Eine Erklärung zum Erholungswald verpflichtet die Behörde zur Erteilung von beantragten (Rodungs-)Bewilligungen für solche Einrichtungen sowie zur Erlassung von Ausnahmeregelungen zu behördlichen Betretungsverboten „wenn und soweit dadurch die Erholungswirkung des Waldes erhöht und das öffentliche Interesse an der Schutz- und Wohlfahrtswirkung des Waldes nicht wesentlich beeinträchtigt wird" (§ 36 Abs 4 Forstgesetz).
In der Praxis sind derartige Erholungswälder in Österreich sehr selten.

Darf ich mir selbst Heilkräuter von der Wiese holen?

Auf der eigenen Wiese oder im eigenen Kräutergarten kann man natürlich jederzeit Kräuter sammeln. Auf fremden Grundstücken bedarf es der privatrechtlichen Zustimmung der über die jeweiligen Grundstücke verfügungsberechtigten Person. Denn gemäß § 405 ABGB wachsen die natürlichen Früchte eines Grundes, die er – ohne bearbeitet zu werden – hervorbringt wie Kräuter, Schwämme und dergleichen, der Eigentümerin oder dem Eigentümer des Grundes zu. Das bedeutet, dass ohne Zustimmung der über das Grundstück verfügungsberechtigten Person das Kräutersammeln auf fremdem Grund unzulässig ist. Nun kann aber nach allgemeiner zivilrechtlicher Lehre die Zustimmung auf unterschiedliche Arten erfolgen. Entweder durch eine ausdrückliche – mündliche oder schriftliche – Willenserklärung, aber auch durch eine stillschweigende. Da das Sammeln von Kräutern für nichtgewerbliche Zwecke im Allgemeinen als gestattet angesehen wird, kann man – wenn kein Zweifel besteht – von einer stillschweigenden Zustimmung ausgehen. Die Tatsache, dass keine Verbotstafeln aufgestellt sind, wäre nach den „im redlichen Verkehr geltenden Gewohnheiten und Gebräuchen" (§ 863 Abs 2 ABGB) als Erklärung der Duldung zu verstehen. Die Grundeigentümerin bzw. der Grundeigentümer kann aber das Kräutersammeln ausdrücklich verbieten.

Wer garantiert den Schutz der Gesundheit in Badeteichen und -seen?

Die private Nutzung eines Teiches durch die Eigentümerin oder den Eigentümer ist nach dem Wasserrechtsgesetz und nach dem Bäderhygienegesetz bewilligungsfrei. Somit gibt es auch keine behördlichen Kontrollen. Wenn ein Teich aber der Öffentlichkeit zugänglich ist und regelmäßig von einer großen Zahl von Personen zum Baden genutzt wird, greifen die bäderhygienerechtlichen Vorschriften. Diese setzen großteils europäisches Gemeinschaftsrecht um, nämlich die Richtlinie über die Qualität der Badegewässer (RL 76/160/EWG idF RL 91/692/EWG).

Von Rechts wegen unterschieden werden Bäder an Oberflächengewässern, Badegewässer und Kleinbadeteiche (kleiner als 1,5 ha), für die zum Teil unterschiedliche Bestimmungen gelten.

Für Kleinbadeteiche ist zuallererst bei der Bezirksverwaltungsbehörde um eine Errichtungsbewilligung gemäß § 3 des Bäderhygienegesetzes (BHygG) anzusuchen. Dem Ansuchen sind die erforderlichen Unterlagen, eine genaue Beschreibung der Anlage samt Plänen und eine Angabe über die vorgesehene Besucherkapazität anzuschließen. Im Laufe des Verwaltungsverfahrens können Messungen und Probeentnahmen vor Ort durchgeführt werden. Nach einem positiven Gutachten des Hygiene-Sachverständigen wird eine Bewilligung erteilt. Diese kann mit Auflagen zum Schutz der Gesundheit der Badegäste, insbesondere in hygienischer Hinsicht, versehen sein. Auch Auflagen wie die Errichtung eines Badesteges oder sonstiger Einstiegshilfen sind denkbar.

Vor der Aufnahme des Badebetriebes ist um eine Betriebsbewilligung anzusuchen. Diesem Ansuchen ist ein Nachweis über die Erfüllung der in der Errichtungsbewilligung vorgeschriebenen Auflagen anzuschließen. Im Zuge des Verwaltungsverfahrens kommt es zu einer Untersuchung vor Ort (Abnahmeuntersuchung). Die Betriebsbewilligung wird dann zunächst befristet – unter Anordnung eines Probebetriebes – erteilt, wenn beim ordnungsgemäßen Badebetrieb keine Gefährdung der Gesundheit der Badegäste, insbesondere in hygienischer Hinsicht, zu erwarten ist. Auch in diesem Bescheid können Auflagen vorgeschrieben werden wie z.B. das Vorhandensein eines einsatzbereiten Rettungsbootes. Es können auch detailliertere Vorgaben gemacht werden wie z.B. „Im Rettungsboot ist ein Rettungsring mit Aufholleine bereitzuhalten.".

Unmittelbar auf Grund des Gesetzes (§ 14 Abs 1 BHygG) haben Inhaber/innen von Kleinbadeteichen und künstlichen Freibädern dafür zu sorgen, dass „während der Betriebszeiten eine Person erreichbar ist, die mit der Wahrnehmung des Schutzes der Gesundheit der Badegäste, insbesondere in hygienischer Hinsicht, betraut ist und die entsprechenden Kenntnisse aufweist." Überdies muss einmal jährlich ein wasserhygienisches Gutachten über die Wasserbeschaffenheit eingeholt werden (§ 14 Abs 2 BHygG).

Auch Bäder an Oberflächengewässern und Badegewässer unterstehen dem bäderhygienerechtlichen Schutz. Ein Badegewässer liegt gemäß § 2 Abs 5 BHygG vor, wenn das Baden behördlich gestattet oder nicht untersagt ist und dort üblicherweise eine große Anzahl von Personen badet. Badeseen werden in der Saison – die „amtliche" Badesaison dauert gemäß § 54 der Bäderhygieneverordnung vom 15. Juni bis zum 31. August – alle 14 Tage überprüft und zwar an jenen Stellen, an denen die durchschnittliche „Badedichte" am höchsten ist.

Freizeit- und Gesundheitssport

Für eine präventive, oft aber auch für eine therapeutische Lebensweise ist Sport ein wichtiges „Medikament". Auch hier gibt es einige rechtliche Rahmenbedingungen. Die in Zukunft dabei wohl bedeutendste Frage ist die nach der „Bewegung auf Krankenkassenkosten".

Gibt es Fitness „auf Krankenschein"?

Derzeit gibt es für Ärztinnen und Ärzte noch keine generelle Möglichkeit, ihren Patientinnen und Patienten Bewegung auf Krankenkassenkosten zukommen zu lassen. Allerdings startete im Herbst 2007 in Wien ein weithin beachtetes Pilotprojekt. Bei medizinischer Notwendigkeit besteht die Möglichkeit der „Verordnung" von etwa 1.000 Bewegungskursen aller Art – von Pilates bis Wassergymnastik – in den Bezirken Favoriten und Rudolfsheim-Fünfhaus, wobei die Kosten von bis zu EUR 35,-- pro Semester durch die Wiener Gebietskrankenkasse übernommen werden. Die Grundidee dabei: Mit präventiver Bewegung die Krankenkassenkosten langfristig zu senken. Näheres ist auf *www.fitfueroesterreich.at* zu finden.

Bin ich bei Freizeitunfällen schlechter gestellt als bei Arbeitsunfällen?

Die sozialen Risken, denen die Sozialversicherung begegnen will, nennt man „Versicherungsfälle". Die Versicherungsfälle bezeichnen jene Wechselfälle des Lebens, die vom Gesetzgeber als schutzwürdig anerkannt werden. Wir kennen etwa die Versicherungsfälle der Krankheit und des Arbeitsunfalles. Dafür gibt es die gesetzliche Krankenversicherung und die gesetzliche Unfallversicherung. Die Krankenversicherung erbringt oder finanziert die notwendigen Gesundheitsgüter und ersetzt den krankheitsbedingten Einkommensausfall sowie den Entgeltfortzahlungsaufwand der Arbeitgeber/innen. Die Unfallversicherung erbringt Leistungen für Personenschäden auf Grund von Arbeitsunfällen und Berufskrankheiten. Sie gewährt Sachleistungen zur Wiederherstellung der Gesundheit

und zur beruflichen Wiedereingliederung. Durch Versehrtenrenten wird Einkommensersatz geleistet.
Das Sozialversicherungsrecht erfasst und grenzt mit der Definition der Versicherungsfälle die versicherte Gefahr ab. So sind Freizeitunfälle nicht in die gesetzliche Unfallversicherung miteinbezogen. Während also Arbeitsunfälle – darunter fallen auch Unfälle auf dem Weg von und zur Arbeitsstätte und z.B. auch Betriebsweihnachtsfeiern – der gesetzlichen Unfallversicherung unterliegen, besteht bei Freizeitunfällen kein gesetzlicher Unfallversicherungsschutz. Hier liegt es in der Verantwortung jeder einzelnen Person, privat für einen Versicherungsschutz Sorge zu tragen. Näheres dann im Kapitel Versicherungen, Abschnitt Unfallversicherung.
Bei der gesetzlichen Krankenversicherung ist, im Gegensatz zur Unfallversicherung, die Ursache für den Eintritt des Versicherungsfalles grundsätzlich irrelevant. Die versicherte Person erhält Leistungen aus der Krankenversicherung auch dann, wenn sie den Versicherungsfall selbst verursacht oder verschuldet hat. Daher hat auch Anspruch auf z.B. Spitalsbehandlung wer sich durch Betreiben eines gefährlichen Sports verletzt hat. Sogar bei vorsätzlicher Selbstschädigung kann allenfalls der Anspruch auf Geldleistungen wie z.B. Krankengeld, entfallen, nie aber der Sachleistungsanspruch. Behandelt wird auch, wer sich die Hand abgehackt hat, um einen Versicherungsmissbrauch zu begehen.

Müssen Rettungskosten privat getragen werden?

§ 144 Abs 5 ASVG bestimmt, dass dann, wenn der körperliche Zustand der erkrankten Person oder die Entfernung ihres Wohnsitzes ihre Beförderung in die Krankenanstalt erfordert, auch die notwendigen Kosten einer solchen Beförderung (Krankentransport) vom Sozialversicherungsträger – auch mit einem Luftfahrzeug – zu übernehmen sind. Aber es gibt eine spezielle Bestimmung im ASVG, die die Kostenübernahme nach Bergunfällen ausschließt und zwar § 131 Abs 4 ASVG, der lautet: „Bergungskosten und die Kosten der Beförderung bis ins Tal werden bei Unfällen in Ausübung von Sport und

Touristik nicht ersetzt." Ein/e nicht entsprechend privat versicherte/r Bergsteiger/in hätte somit die Kosten z.B. einer Hubschrauberbergung selbst zu tragen. Als freiwillige Leistungen werden seitens der Sozialversicherungsträger bisweilen Teilpauschalbeträge bezahlt. Dies dann, wenn der Unfall auch im Tal einen Hubschraubereinsatz aus medizinischer Notwendigkeit erfordert hätte.

Zahlt die gesetzliche Unfallversicherung bei Freizeitunfällen nie?

Die gesetzliche Unfallversicherung zahlt nur dann, wenn ein im Gesetz genannter Versicherungsfall vorliegt. Das ist eben z.B. ein Arbeitsunfall. Unter den geschützten Lebensbereich fallen aber darüber hinaus auch Unfälle bei Handlungen im Fremdinteresse. Das ist relativ wenig bekannt. So können beispielsweise Lebensretter/innen mit Leistungen aus der gesetzlichen Unfallversicherung rechnen. Gemäß § 176 ASVG sind das Personen, die beim Hilfeholen und Retten anderer Personen verunfallt sind. Konkret bei dem Versuch der Rettung eines Menschen aus tatsächlicher oder vermuteter Lebensgefahr, bei Herbeiholung einer Ärztin, eines Arztes, einer Sanitäterin oder eines Sanitäters zu einer dringenden Hilfeleistung, bei der Suche nach vermissten Personen, bei der Hilfeleistung in sonstigen Unglücksfällen oder allgemeiner Gefahr oder Not oder bei angemessener Unterstützung einer polizeilichen Amtshandlung. In diesen Fällen werden die Leistungen der gesetzlichen Unfallversicherung auch nicht unfallversicherten Personen gewährt. Und das sogar dann, wenn sich der Unfall nicht in Österreich, sondern in einem Nachbarstaat ereignet hat.

Gibt es auch für Freizeitsportler/innen Dopingverbote?

Es ist verboten, Arzneimittel zu Zwecken des Dopings im Sport in den Verkehr zu bringen oder bei anderen anzuwenden (§ 5a AMG). Diese Bestimmung findet allerdings keine Anwendung, wenn das Inverkehrbringen oder Anwenden zur Behandlung von Krankheiten erfolgt oder erfolgen soll.

Das Dopingverbot gilt nicht nur etwa für Trainerinnen und Trainer im Wettkampfsport, sondern auch für betreuende Personen im Freizeitsport. Würden also z.B. in Fitnessstudios anabole Steroide oder Wachstumshormone verkauft, wäre dies verboten und strafbar. Die zivilrechtliche Konsequenz wäre, dass das für diese Stoffe bezahlte Entgelt zurückgefordert werden könnte, weil es sich um einen gesetzwidrigen und damit nichtigen Vertrag handeln würde. Wer allerdings Dopingmittel nur bei sich selbst anwendet, macht sich nicht strafbar. Das Gesetz überlässt den Schutz der Gesundheit in diesem Fall also der Eigenverantwortung der Sportlerinnen und Sportler. Es ist eine Novelle zum AMG geplant, mit der auch der Besitz von Dopingmitteln unter Strafe gestellt werden soll. Zu beachten ist aber, dass in vielen Fitnessstudios das Mitbringen und die Einnahme von verbotenen Präparaten durch die Hausordnung untersagt ist.

Gesundheitshotels und Solarien

Was Gesundheitshotel anbieten müssen, ist gesetzlich nicht geregelt. Wohl aber besteht nach dem Gewährleistungsrecht eine gesetzliche Pflicht, was versprochen wurde auch zu halten. Für die gesundheitlich nicht ungefährlichen Solarien gibt es detaillierte gewerberechtliche Vorgaben, die eine stark gesundheitsrechtliche Betonung haben.

Was muss mir ein Gesundheitshotel bieten?

Grundsätzlich gilt, dass das geboten werden muss, was angepriesen worden ist. Wenn ein Prospekt, Katalog oder eine Homepage eine solche Beschreibung der einzelnen Leistungen enthält, dass der Gast auf deren Grundlage bereits die Buchung vornehmen kann ohne weitere Detailinformationen zu benötigen, gilt die Beschreibung als vertraglich zugesicherte Eigenschaft. Daher gelten Beschreibungen des hoteleigenen Gesundheitsangebots nicht als bloße werbende Anpreisungen, sondern sind zugesicherte Eigenschaften, für die nach dem Gewährleistungsrecht eingestanden werden muss. Ein Grundsatz im Gewährleistungsrecht ist nämlich, dass neben den gewöhnlich vorausgesetzten Eigenschaften wie z.B. ein sauberes Zimmer, auch die so genannten „ausdrücklich bedungenen" Eigenschaften gegeben sein müssen. Darunter werden vertraglich zugesicherte Eigenschaften wie z.B. Zimmer mit Stromnetzfreischaltung verstanden. Das Gesundheitshotel ist sich bewusst, dass die Prospekte bzw. Kataloge für die Gäste die wichtigste Informationsquelle sind. Ein besonderes Vertrauen der Gäste in deren Richtigkeit und Verlässlichkeit ist daher gerechtfertigt. Das gilt übrigens nicht nur für verbale Beschreibungen, sondern auch für Fotos. Die Art des Trägermaterials, ob Papier, DVD, Website, ist übrigens irrelevant – entscheidend ist der Inhalt. Es kommt auch nicht darauf an, von wem die Information erstellt wurde. Wenn ein Gesundheitshotel fremde Informationen, wie z.B. eines Masseurs oder einer Kosmetikerin, in die eigene Leistungsbeschreibung einbaut, hat es für den Inhalt und die Leistungsbeschreibung die volle rechtliche Verantwortung gegenüber dem Gast.

Nicht eingestanden werden muss aber für nur ganz allgemein gehaltene Informationen wie „Wir gehen bewusst mit Natur, Wasser und Energie um." und Anpreisungen wie „Ein Urlaub für Körper, Geist und Seele!" sowie für unverbindliche Slogans wie „Echte Menschen. Echte Natur. Echter Urlaub". Das Gesundheitshotel haftet auch nicht für subjektive Urlaubsempfindungen wie ein „Wohlfühlerlebnis" oder ein „neues Körperbewusstsein", weil das ja ganz wesentlich auch von persönlichen Faktoren in der Sphäre des Gastes abhängt.
Eine Gratwanderung stellen Beschreibungen wie „Eine besondere Wohlfühlatmosphäre" dar. „Wohlfühlen" hat mit persönlichem Empfinden zu tun und ist nicht nach objektiven Kriterien messbar. Mit der „Atmosphäre" werden aber objektivierbare Rahmenbedingungen des Aufenthaltes im Hotel angesprochen. Wenn die realen Gegebenheiten dieser angekündigten „Wohlfühlatmosphäre" grob widersprechen würden, wie z.B. lärmende und stinkende Arbeiten, Bautätigkeiten usw., wäre ein Gewährleistungsanspruch des Gastes denkbar.
Die gewährleistungsrechtliche Einstandspflicht beschränkt sich somit darauf, dass die Beschreibungen richtig sind und das beschriebene Hotel sich objektiv für den ins Auge gefassten Gesundheitsurlaub eignet.

Was sind typische Zusagen, deren Einhaltung ich verlangen kann?

Speziell zugesicherte Eigenschaften sind:

- Eine bestimmte Lage. Seehöhe, heilklimatischer Luftkurort, Sonnenexposition, Nebelfreiheit, Waldnähe, Entfernung von Hochspannungsleitungen, Fehlen von Durchzugsverkehr usw.
- Das Speisen- und Getränkeangebot. Vollwertprodukte, biologische Produkte, Allergikerküche usw.
- Das Vorhandensein gestalteter Natur. Kneippweg, Kneippteich, Naturbadeplatz usw.
- Bestimmte Eigenschaften der Zimmer. Stromnetzfreischaltung, Nichtraucherzimmer, ausgependelter Schlafraum usw.

- Die Zimmerausstattung. Natürliche Materialien, Vollholzmöbel, schadstofffreie Möbel, Matratzenqualität usw.
- Die Zimmerbehandlung. Bestimmte Reinigungsmaterialien usw.
- Das Vorhandensein bestimmter Einrichtungen. Sauna, Solarium, Dampfbad, Molkebad, Whirlpool, Fitnessraum, Entspannungsraum, Kräuterteebar, Gesundheitsbibliothek usw.
- Das Vorhandensein bestimmter Angebote. Massagen, Entspannungstraining, Rückengymnastik, Fahrradverleih usw.
- Das Vorhandensein bestimmter Personen. Ärztliche Aufsicht bei einer Fastenwoche, Ergotherapeut/in für Therapiereiten usw.

Was kann ich tun, wenn das Gesundheitshotel seine Zusagen nicht einhält?

Zuallererst ist daran zu denken, dass der Gewährleistungsanspruch (§§ 922 ff. ABGB) verschuldensunabhängig ist. Es kommt also nicht darauf an, ob dem Gesundheitshotel ein Versagen vorgeworfen werden kann, wie z.B. es hat vergessen, einen Arzt für die Fastenwoche zu engagieren. Der Gast hat ein Recht auf ein mangelfreies Angebot, auch wenn der Mangel durch Zufall oder Verschulden eines anderen – die für das Wochenende beauftragte Aquatrainerin hat z.B. vergessen zu kommen – verursacht worden ist. Empfehlenswert ist es, bereits vor Ort und sofort auf den Mangel hinzuweisen und Verbesserung zu verlangen. Schwieriger ist es, einen Mangel erst nach der Rückkehr zu Hause geltend zu machen. Auch das ist aber möglich. Eine Klage bei Gericht ist noch binnen zwei Jahren (§ 933 ABGB) zulässig.

Gibt es rechtliche Qualitätsanforderungen für Solarien?

Solarien sind im Grenzbereich zwischen Gewerberecht und Gesundheitsrecht angesiedelt. Die Bräunung der Haut kann sicherlich zu subjektivem Wohlbefinden beitragen. Sie ist allerdings auch mit Gesundheitsgefahren verbunden. Von

UV-Bestrahlungsgeräten ausgehende UV-Strahlung kann Haut- und Augenschäden verursachen. Eine allfällige zusätzliche UV-Bestrahlung durch die Sonne ist entsprechend zu berücksichtigen; überhöhte Bestrahlung kann Sonnenbrand verursachen, zu häufige UV-Bestrahlung durch UV-Bestrahlungsgeräte kann zu frühzeitiger Alterung der Haut führen und zusätzlich das Hautkrebsrisiko erhöhen. In bestimmten Fällen, insbesondere nach Linsenoperationen, kann überhöhte Bestrahlung die Netzhaut schädigen. Nach vielen wiederholten Bestrahlungen kann sich grauer Star bilden. Aus all diesen Gründen sind Solarien Gewerbebetriebe, für die neben den allgemeinen gewerberechtlichen Regelungen auch gesundheitsbezogene Vorschriften gelten.
Gestützt auf § 76 Abs 1 der Gewerbeordnung hat das Wirtschaftsministerium eine Solarienverordnung erlassen. Im Sinne dieser Verordnung sind Solarien Einrichtungen für künstliche Sonnenbäder unter Verwendung von UV-Bestrahlungsgeräten; das sind Hautbestrahlungsgeräte mit Ultraviolettstrahlen für nicht-medizinische Zwecke (§ 1). Diejenigen Solarien, die den in der Anlage zur Solarienverordnung angeführten Anforderungen entsprechen und für deren Verwendung die in der Anlage getroffenen Schutzmaßnahmen erfüllt sind, brauchen keine gewerberechtliche Betriebsanlagenbewilligung.

Welche technische Ausstattung wird vorgegeben?

Zu den technischen Anforderungen zählt unter anderem, dass die UV-Bestrahlungsgeräte nicht zur Selbstbedienung durch die Benützer/innen eingerichtet sein dürfen. Als Nachweis der elektrotechnischen Sicherheit muss das Gerät ein ÖVE-Prüfzeichen oder ein anderes, gleichwertiges, in Österreich anerkanntes ausländisches Sicherheitszeichen aufweisen. UV-Bestrahlungsgeräte müssen so ausgeführt sein, dass der vom Gerätehersteller empfohlene kürzeste Bestrahlungsabstand nicht unterschritten werden kann, sie nur dann in Betrieb genommen werden können, wenn ihnen die erforderlichen optischen Filter nicht entnommen wurden sowie durch

Austausch eines Strahlers die wesentlichen Eigenschaften des Gerätes nicht verändert werden können. Die Bedienungseinrichtungen der UV-Bestrahlungsgeräte müssen so angebracht sein, dass sie von der Kundin oder vom Kunden während des Bestrahlungsvorganges nicht bedient werden können. Das Gerät muss jedoch durch die benützende Person jederzeit abschaltbar sein.

Da das ungeschützte Auge sich infolge von UV-Bestrahlung an der Oberfläche entzünden kann, gehören zu jedem UV-Bestrahlungsgerät zwei Schutzbrillen. Sie müssen im Aufstellungsraum stets vorhanden sein. Der Aufstellungsraum des UV-Bestrahlungsgerätes muss direkt ins Freie zu lüften oder mit einer mechanischen Be- und Entlüftungsanlage ausgestattet sein. Für die Benützer/innen müssen wenigstens eine Duschgelegenheit und wenigstens ein WC vorhanden sein. Die Liegefläche eines Ganzkörperbestrahlungsgerätes (UV-Bestrahlungsliege) muss nach jeder Benützung entweder mit einer Schutzfolie neu bespannt oder mit einem geeigneten Desinfektionsmittel – Sauerstoff- oder Chlorabspalter – in vom Hersteller des Desinfektionsmittels empfohlener Konzentration und Einwirkungsdauer gereinigt werden. Die Schutzbrillen müssen nach jedem Gebrauch desinfizierend so gereinigt werden, dass keine Gefahr einer Übertragung infektiöser Erkrankungen besteht. Der Aufstellungsraum von UV-Bestrahlungsgeräten muss mindestens einmal täglich desinfizierend gereinigt werden. Blockkarten dürfen im Vorverkauf nur dann abgegeben werden, wenn eine Verrechnung entsprechend der Bestrahlungsdauer – beim kürzesten der empfohlenen Bestrahlungsabstände – für 250 J/m2 und eine Rückerstattung möglich sind. Die Betreiberin oder der Betreiber hat dafür zu sorgen, dass während der Betriebszeiten eine Person anwesend ist, die nachweislich Kenntnisse über die bei der Anwendung von UV-Bestrahlungsgeräten und bei mangelnder Hygiene auftretenden Gefahren aufweist.

Medizin

- Ärztlicher Behandlungsvertrag
- Freie Arztwahl
- Verpflichtende Behandlungen
- Ärztliche Atteste
- Impfungen und Impfschäden
- Vorsorgeuntersuchung
- Blut-, Plasma- und Knochenmarkspende
- Organspende
- Drogerie und Apotheke
- Kauf von Medizinprodukten

Der ärztliche Behandlungsvertrag

Rund um den ärztlichen Behandlungsvertrag ranken sich – noch weit vor allfälligen Aufklärungsmängeln und Kunstfehlerprozessen – zahlreiche rechtliche Aspekte. Die zentrale Frage dabei ist: Was ist der Inhalt dieses Vertrages? Für den Alltag bedeutsam ist auch die Regelung über ärztliche Zeugnisse (Atteste).

Was versteht man unter „Behandlung"?

Ärztliche Behandlung ist ein sehr weiter Begriff und umfasst den ganzen Bogen von der Anamnese (Krankheitsvorgeschichte) über die Untersuchung und die Diagnose bis zur Therapie und Therapiekontrolle – jeweils mit medizinisch-wissenschaftlichen Methoden. Davon zu unterscheiden wäre bloß die rein ärztliche Beratung (vgl § 49 Abs 1 ÄrzteG). Behandlung und Beratung können unter dem gemeinsamen Oberbegriff „Betreuung" zusammengefasst werden.

Was ist ein ärztlicher Behandlungsvertrag?

Mit dem Aufsuchen der ärztlichen Ordination und der Behandlungsübernahme durch die Ärztin oder den Arzt kommt es zwischen Ärztin/Arzt und Patientin/Patient zu einem sogenannten Behandlungsvertrag. Dass dieser in aller Regel nicht schriftlich abgeschlossen wird, ist kein Argument dagegen, weil es nach allgemeinem Zivilrecht möglich ist, Verträge durch Notariatsakt, schriftlich, mündlich oder konkludent – durch schlüssige Handlung – abzuschließen. Entscheidend ist nur die Willenseinigung. Die Rechte und Pflichten, die aus einem Vertrag resultieren, existieren – wenn gesetzlich keine bestimmte Form vorgesehen ist (Formzwang) – unabhängig von der Form des Vertragsabschlusses. Durch die Überweisung zu einer Fachärztin oder einem Facharzt kommt es zu einem selbstständigen Behandlungsvertrag zwischen Patientin/Patient und Fachärztin/Facharzt (OGH 11.10.2006, 7Ob136/06k).
Ohne klare Vereinbarung der Unentgeltlichkeit gilt ein ange-

messenes Entgelt als vereinbart. Wer also bei einer Ärztin oder einem Arzt ohne Kassenvertrag etwa nur einen kostenlosen Rat wünscht, müsste dies vorher klarstellen.
Bei der Behandlung bei einer Kassenvertragsärztin oder einem Kassenvertragsarzt gibt es eine stillschweigende Rahmenbedingung; nämlich, dass sich die Ärztin oder der Arzt an den Leistungskatalog der Krankenkasse hält. Jede darüber hinaus gehende Leistung müsste gesondert vereinbart werden.

Gibt es Besonderheiten bei Verträgen mit Fachärztinnen und Fachärzten?

Nach Ansicht des OGH (11.10.2006, 7Ob136/06k) ist jeder Patientin und jedem Patienten das Wissen zu unterstellen, dass die medizinische Wissenschaft und Praxis in verschiedene Fachgebiete aufgeteilt ist. Es sei damit auch allgemein bekannt, dass nicht jede Ärztin und jeder Arzt alle Fachgebiete praktiziert und daher auch nicht alle Behandlungen und Untersuchungen selbst durchführen kann. Nach § 31 Abs 3 ÄrzteG haben Fachärztinnen und Fachärzte ihre fachärztliche Berufstätigkeit auf ihr Sonderfach zu beschränken. Wenn nicht besondere Umstände vorliegen, ist also davon auszugehen, dass sich der meist konkludent zustande kommende Behandlungsvertrag nur auf das jeweilige Fachgebiet bezieht. Die Ärztin oder der Arzt muss aber aufgrund des Behandlungsvertrages auch dafür sorgen, dass die richtige Diagnose gestellt und der Patientin oder dem Patienten die geeignete Behandlung zu Teil wird. Wenn es notwendig ist, muss die Patientin oder der Patient an Ärztinnen oder Ärzte eines anderen Fachgebietes überwiesen werden.
Für Fachärztinnen und Fachärzte gilt also die sogenannte Sonderfachbeschränkung (§ 31 Abs 3 bis 5 ÄrzteG). Erfüllt eine Ärztin oder ein Arzt aber sowohl die Voraussetzungen für die Ausübung des ärztlichen Berufes als Ärztin oder Arzt für Allgemeinmedizin als auch als Fachärztin oder Facharzt eines oder mehrerer Sonderfächer, besteht bei entsprechender Eintragung in die Ärzteliste die Berechtigung beide Berufe auszuüben (VfGH 19.6.1995, G10/95; VfGH 29.2.1996,

G1363-1365/95). Für Patientinnen und Patienten bedeutsam ist, dass nur Leistungen auf dem in die Ärzteliste eingetragenen Fachgebiet vom Krankenversicherungsträger abgegolten werden. Welche Fachärztinnen und Fachärzte es gibt, zeigt die folgende Tabelle.

Fachärztinnen und Fachärzte nach § 10 Ärztinnen-/Ärzte-Ausbildungsordnung 2006

1. Anästhesiologie und Intensivmedizin
2. Anatomie
3. Arbeitsmedizin
4. Augenheilkunde und Optometrie
5. Blutgruppenserologie und Transfusionsmedizin
6. Chirurgie
7. Frauenheilkunde und Geburtshilfe
8. Gerichtsmedizin
9. Hals-, Nasen- und Ohrenkrankheiten
10. Haut- und Geschlechtskrankheiten
11. Herzchirurgie
12. Histologie und Embryologie
13. Hygiene und Mikrobiologie
14. Immunologie
15. Innere Medizin
16. Kinder- und Jugendchirurgie
17. Kinder- und Jugendheilkunde
18. Kinder- und Jugendpsychiatrie
19. Lungenkrankheiten
20. Medizinische Biophysik
21. Medizinische Genetik
22. Medizinische und Chemische Labordiagnostik
23. Medizinische Leistungsphysiologie
24. Mund-, Kiefer- und Gesichtschirurgie
25. Neurobiologie
26. Neurochirurgie
27. Neurologie
28. Neuropathologie
29. Nuklearmedizin

30. Orthopädie und Orthopädische Chirurgie
31. Pathologie
32. Pathophysiologie
33. Pharmakologie und Toxikologie
34. Physikalische Medizin und Allgemeine Rehabilitation
35. Physiologie
36. Plastische, Ästhetische und Rekonstruktive Chirurgie
37. Psychiatrie und Psychotherapeutische Medizin
38. Radiologie
39. Sozialmedizin
40. Spezifische Prophylaxe und Tropenmedizin
41. Strahlentherapie-Radioonkologie
42. Thoraxchirurgie
43. Unfallchirurgie
44. Urologie
45. Virologie

Kann ich von meiner Ärztin oder meinem Arzt die Beseitigung meines gesundheitlichen Problems verlangen?

Die Ärztin und der Arzt sind auf Grund des Vertrages zu einer sorgfältigen Behandlung „nach Maßgabe der ärztlichen Wissenschaft und Erfahrung sowie unter Einhaltung der bestehenden Vorschriften und der fachspezifischen Qualitätsstandards" (§ 49 Abs 1 ÄrzteG) verpflichtet. Es handelt sich somit grundsätzlich um eine Sorgfaltsverpflichtung und nicht um eine Erfolgsverbindlichkeit. Die Ärztin oder der Arzt schuldet also nicht die Heilung, was ja auch unmöglich wäre, weil Erfolg oder Misserfolg einer Therapie ganz wesentlich auch von der Person und vom Verhalten der Patientin oder des Patienten abhängen. Auch sind körpereigene Reaktionen auf medikamentöse oder operative Eingriffe selten zur Gänze beherrschbar. In bestimmten Fällen wird aber ein Erfolg geschuldet: z.B. bei Impfungen, Zahnprothesen, Labortests und Vorsorgeuntersuchungen. Aber auch hier ist die Ärztin oder der Arzt nur dafür verantwortlich, dass die Impfung erfolgt, nicht aber auch, dass sie tatsächlich die Krankheit abhält.

Warum dürfen mir meine Ärztin und mein Arzt keine Gesundheitsprodukte empfehlen?

Die Ärzteschaft unterliegt im Gegensatz zu Gewerbetreibenden sehr strengen Berufsausübungsregeln. Es dürfen z.B. keine Vergütungen für die Zuweisung von Kranken versprochen, gegeben, genommen oder zugesichert werden. Rechtsgeschäfte, die gegen dieses Verbot verstoßen, sind nichtig. Leistungen aus solchen Rechtsgeschäften können zurückgefordert werden. Gemäß § 53 Abs 1 ÄrzteG muss sich eine Ärztin oder ein Arzt jeder unsachlichen, unwahren oder das Standesansehen beeinträchtigenden Information im Zusammenhang mit der Berufsausübung enthalten. Durch das Gesetz (§ 53 Abs 4 ÄrzteG) ist die Österreichische Ärztekammer ermächtigt, nähere Vorschriften über die Art und Form der oben genannten Informationen zu erlassen. In der Richtlinie „Arzt und Öffentlichkeit" hat die Österreichische Ärztekammer die gesetzliche Werbebeschränkung dahingehend konkretisiert, dass den Ärztinnen und Ärzten die Werbung für Arzneimittel, Heilbehelfe und sonstige medizinische Produkte generell verboten ist (Art 3 lit d der Richtlinie). Während somit alle Gewerbetreibenden aus den Bereichen Handel, gewerbliche Massage, Sozial- und Lebensberatung, sportwissenschaftliche Beratung Werbung für ein Blutdruckmessgerät betreiben dürften, wäre dies einer Ärztin oder einem Arzt untersagt.

Was bedeutet „freie Arztwahl"?

Freie Arztwahl bedeutet, dass ich in der Entscheidung frei bin, welche Ärztin oder welchen Arzt ich aufsuchen möchte. Ist es mir ein Anliegen, dass die Behandlung auf Kosten meines Krankenversicherungsträgers erfolgt, muss ich aber dessen Vorgaben (z.B. Quartalsregelungen) einhalten. Innerhalb eines Quartals ist der Wechsel nur in begründeten Fällen und mit Zustimmung der Krankenkasse gestattet.

Umgekehrt hat die Ärztin oder der Arzt die sogenannte freie Patientenwahl. Er darf grundsätzlich den Abschluss eines angebotenen Behandlungsvertrages ablehnen. Kassenvertrags-

ärztinnen und -ärzte trifft allerdings eine Übernahmepflicht für sozialversicherte Patientinnen und Patienten.
Eine Wahlärztin bzw. ein Wahlarzt ist eine Ärztin bzw. ein Arzt, die oder der keinen Vertrag mit dem Krankenversicherungsträger der versicherten Person abgeschlossen hat. Die Patientin bzw. der Patient ist der Wahlärztin bzw. dem Wahlarzt auf Grund des Behandlungsvertrages zur Zahlung des Honorars verpflichtet, hat aber gegen die Krankenkasse Anspruch auf einen teilweisen Ersatz jener Kosten, die bei der Behandlung durch eine Vertragsärztin oder einen Vertragsarzt aufzuwenden gewesen wären.

Bin ich verpflichtet mich behandeln zu lassen?

Im Regelfall liegt es in der Eigenverantwortung jedes Menschen sich gegen eine Krankheit behandeln zu lassen oder nicht. Das gilt auch für Kontrolluntersuchungen nach Abschluss einer Behandlung. Nur ausnahmsweise greift der Gesetzgeber ein.
Tuberkulosekranke sind verpflichtet, sich behandeln zu lassen. Tun sie das nicht, kann auf Grund eines Bezirksgerichtsbeschlusses eine zwangsweise Anhaltung in einer Krankenanstalt bis zu zwölf Monaten verfügt werden. Ist die oder der Tuberkulosekranke alkoholkrank und würde sonst der Zweck der Anhaltung voraussichtlich gefährdet werden, so hat die Bezirksverwaltungsbehörde auch die Feststellung zu beantragen, dass die Öffnung der während der Anhaltung an die kranke Person gerichteten Postsendungen, in denen nach ihrem Umfang und Gewicht Getränke enthalten sein können, und die Beschlagnahme der in diesen befindlichen alkoholischen Getränke zulässig ist (§ 14 TuberkuloseG).
Auch Geschlechtskranke sind verpflichtet, sich behandeln zu lassen. Überdies kann die Amtsärztin oder der Amtsarzt nach Abschluss der Behandlung eine gesundheitliche Überwachung anordnen. Die Amtsärztin oder der Amtsarzt hat in diesem Falle auszusprechen, ob die Überwachung durch eine Ärztin oder einen Arzt mit Praxisausübungsberechtigung in Österreich, durch eine Beratungsstelle oder durch ein Krankenhaus

zu erfolgen hat. Die oder der aus der Behandlung Entlassene ist verpflichtet, der amtsärztlich angeordneten Überwachung gewissenhaft zu entsprechen (§ 5 GeschlechtskrankheitenG).

Was sind ärztliche Atteste?

Ärztliche Atteste (ärztliche Zeugnisse) sind Bestätigungen, die eine Ärztin oder ein Arzt gemäß § 55 ÄrzteG nur nach gewissenhafter, ärztlicher Untersuchung und nach genauer Erhebung der im Zeugnis zu bestätigenden Tatsachen nach bestem Wissen und Gewissen ausstellen darf. Nur in Ausnahmefällen dürfen solche Atteste ohne unmittelbar vorhergehende Untersuchung abgegeben werden, z.B. dann, wenn sich die Ärztin oder der Arzt auf andere Weise – durch frühere Befunde – ausreichende Gewissheit über die zu beurteilenden Tatsachen verschaffen kann; OGH 7.1.1959, 6Ob330/58.
Ärztliche Atteste können neben Tatsachen auch medizinische Prognosen beinhalten. Das ist beispielsweise der Fall, wenn Fluggesellschaften von Passagierinnen ab dem achten Schwangerschaftsmonat ein ärztliches Attest verlangen, dass eine Frühgeburt unwahrscheinlich ist.
Es besteht für Ärztinnen und Ärzte grundsätzlich keine Rechtspflicht, ärztliche Atteste zu erstellen.
Von ärztlichen Attesten sind „gewöhnliche Bestätigungen“ zu unterscheiden, z.B. solche über die Dauer des Arztbesuches, die Arbeitnehmer/innen ihren Arbeitgeber/innen unter Umständen vorlegen müssen.

Impfungen und Vorsorgeuntersuchungen

In der Präventivmedizin haben Impfungen und Vorsorgeuntersuchungen einen großen Stellenwert. Rechtlich interessant ist dabei die Frage nach Berechtigungen und Verpflichtungen sowie die Frage, ob es bei Impfschäden Entschädigungszahlungen gibt.

Welche Impfungen sind in Österreich verpflichtend?

Es gibt nur mehr sehr wenige Fälle, wo eine Impfung verpflichtend ist. Die 1948 eingeführte gesetzliche Pflicht zur Schutzimpfung gegen Pocken wurde 1980 aufgehoben, weil die WHO diesbezüglich keine Gefahr mehr sah.
Verpflichtende Impfungen kann es auf Grund von § 17 Abs 4 EpidemieG geben. Nach dieser Gesetzesbestimmung kann die Bezirksverwaltungsbehörde im Einzelfall für bestimmte gefährdete Personen die Durchführung von Schutzimpfungen oder die Gabe von Prophylaktika anordnen, sofern dies im Hinblick auf Art und Umfang des Auftretens einer meldepflichtigen Erkrankung zum Schutz vor deren Weiterverbreitung unbedingt erforderlich ist.
Für Personen, die sich berufsmäßig mit der Krankenbehandlung, der Krankenpflege oder Leichenbesorgung beschäftigen, und für Hebammen können Schutzimpfungen nach § 17 Abs 3 EpidemieG angeordnet werden.

Wer bezahlt die Impfung?

Abgesehen von Sozialversicherungszuschüssen bezahlt jede Person ihre Impfung selbst. Nur bei Notimpfungen – Impfungen auf Grund behördlicher Anordnung gemäß § 17 Abs 3 EpidemieG – trägt der Bund die Kosten. In bestimmten Fällen werden auch die Kosten für amtsärztliche Impfungen (z.B. Tuberkuloseschutzimpfungen) übernommen.

Wer entschädigt mir einen Impfschaden?

Nur für bestimmte Impfschäden gewährt der Bund einen Ersatz (§ 1 ImpfschadenG). Es sind dies beispielsweise:

- Schutzimpfungen auf Grund des bis zum 31. Dezember 1980 geltenden Bundesgesetzes über Schutzimpfungen gegen Pocken.
- Impfungen auf Grund behördlicher Anordnung gemäß § 17 Abs 3 EpidemieG.
- Impfungen auf Grund behördlicher Anordnung gemäß § 5 des Bundesgesetzes über die sanitätspolizeiliche Grenzkontrolle.
- Impfungen, die nach einer Verordnung zur Abwehr einer Gefahr für den allgemeinen Gesundheitszustand der Bevölkerung im Interesse der Volksgesundheit empfohlen wurden.

Entschädigung ist jedenfalls auch für Schäden zu leisten, die durch im jeweils ausgestellten Mutter-Kind-Pass genannte Impfungen verursacht worden sind (§ 1b Abs 3 ImpfschadenG).

Die Details der Entschädigung sind im ImpfschadenG festgelegt. Im Wesentlichen werden Kosten für die Behandlung zur Besserung oder Heilung des Impfschadens, wie ärztliche Hilfe, Arznei-, Verband- und Heilmittel, orthopädische Behelfe, Pflege und Behandlung in Krankenanstalten und Kuranstalten in der allgemeinen Pflegegebührenklasse, die mit der Behandlung verbundenen unvermeidlichen Reise- und Transportkosten – erforderlichenfalls auch für eine Begleitperson – und Rehabilitationsmaßnahmen sowie eine Beschädigtenrente und Pflegezulagen gezahlt.

Gemäß § 5 ImpfschadenG bleiben andere, über die Leistung nach dem Impfschadengesetz hinausgehende Ansprüche auf Grund anderer Rechtsvorschriften unberührt. Dabei kann es sich um Amtshaftungsansprüche handeln, falls eine Impfung von einer Amtsärztin oder einem Amtsarzt in Vollziehung der Gesetze vorgenommen wird. Für solche Ansprüche ist gemäß § 9 Amtshaftungsgesetz (AHG) das in erster Instanz mit der

Ausübung der Gerichtsbarkeit in bürgerlichen Rechtssachen betraute Landesgericht ausschließlich zuständig, also auch dann, wenn der Anspruch die Wertgrenzenzuständigkeit der Bezirksgerichte unterschreitet. Im Sinn des § 5 ImpfschadenG unberührt bleibende Ansprüche sind aber auch Schadenersatzansprüche aus einem privaten ärztlichen Behandlungsvertrag über die Vornahme einer Impfung, beispielsweise zufolge mangelnder Aufklärung über etwaige Nebenwirkungen und Risken. Dazu ein Beispiel: Nach einer Masern-Mumps-Röteln-Impfung tritt eine Immunthrombozytopenie auf. Denkbar wäre ein Schadenersatzanspruch wegen einer nicht ausreichenden Aufklärung über die Risken der Impfung, wie auch für das Unterlassen einer Impfverträglichkeitsuntersuchung.

Wer hat Anspruch auf eine Vorsorgeuntersuchung?

Die Vorsorge- oder Gesundenuntersuchungen sind im Sozialversicherungsrecht geregelt. Seit 1983 sind Gesundenuntersuchungen als Pflichtleistung anerkannt. Nach dem ASVG haben die Versicherten für sich und ihre Angehörigen (§ 123 ASVG) Anspruch auf jährlich eine Vorsorgeuntersuchung (§ 132b Abs 1 ASVG). Der gesetzliche Begriff „jährlich" könnte als „einmal pro Kalenderjahr" verstanden werden. Der Hauptverband der Sozialversicherungsträger interpretiert ihn aber so, dass ein Anspruch auf eine Vorsorgeuntersuchung erst wieder entsteht, wenn seit der letzten Untersuchung zwölf Monate vergangen sind. Wenn jemand einmal z.B. eineinhalb Jahre verstreichen lässt, verschiebt sich der mögliche nächste Termin in der Folge nach hinten, sodass eine alljährliche Gesundheitskontrolle nicht mehr gegeben ist.

In § 132b Abs 2 ASVG ist normiert, dass für die Durchführung der Untersuchungen insbesondere Vertragsärztinnen und -ärzte, Einrichtungen der Vertragsärztinnen und -ärzte und sonstiger Vertragspartner, Vertrags-Gruppenpraxen sowie eigene Einrichtungen in Betracht kommen. Aus der Verwendung des Wortes „insbesondere" ergibt sich, dass aber auch Ärztinnen und Ärzte, die keinen Kassenvertrag haben, mit der Krankenkasse abrechenbare Vorsorgeuntersuchungen durchführen können. Die Untersuchungsziele werden vom Hauptverband der Sozialversicherungsträger durch Richtlinien geregelt. Einzige gesetzliche Vorgabe dabei ist, dass bei der Festlegung der Untersuchungsziele darauf Bedacht zu nehmen ist, dass die Vorsorgeuntersuchungen insbesondere der Früherkennung von Volkskrankheiten wie Krebs, Diabetes und Herz- und Kreislaufstörungen zu dienen haben.

Wege zur Durchführung einer Vorsorgeuntersuchung, d.h. von der Arbeitsstätte oder der Wohnung zu einer Untersuchungsstelle und zurück, sind geschützte Bereiche im Sinne der gesetzlichen Bestimmungen über Arbeitsunfälle, sofern die beabsichtigte Vorsorgeuntersuchung im Betrieb vorher angekündigt wurde. Das bedeutet, dass ein Wegunfall auf den genannten Strecken als gesetzlich begünstigter Arbeitsunfall und nicht als Freizeitunfall gilt. Wichtig ist aber, dass der Weg unmittelbar vor Arbeitsbeginn bzw. nach Arbeitsende angetreten und grundsätzlich der kürzeste Weg gewählt wird.

Die Träger der Krankenversicherung haben auch für Personen, für die nicht bereits auf Grund einer Pflichtversicherung oder einer freiwilligen Versicherung nach dem ASVG oder einem anderen Bundesgesetz ein Anspruch auf diese Leistung besteht, Vorsorgeuntersuchungen vorzunehmen. Das finanziert der Bund: Er hat den tatsächlich entstandenen nachgewiesenen Aufwand der Träger der Krankenversicherung an derartigen Untersuchungskosten zu ersetzen und dem Hauptverband zu überweisen (§ 132b Abs 6 ASVG).

Beim Hauptverband der Sozialversicherungsträger besteht ein Fonds für Vorsorgeuntersuchungen und Gesundheitsförderung (§ 447h Abs 1 ASVG). Die Mittel des Fonds sind für Maßnahmen der Gesundheitsförderung zu verwenden, wobei mindestens zehn Prozent dieser Mittel für bundesweite Maßnahmen zur Förderung und Erhöhung der Inanspruchnahme von Vorsorgeuntersuchungen zu verwenden sind (§ 447h Abs 3 ASVG).

Blut-, Plasma- und Organspenden

Das Blutsicherheitsgesetz und die Blutspenderverordnung regeln diesen wichtigen Bereich des Gesundheitsrechts in umfassender Weise. Für Organspenden gilt die Widerspruchslösung, d.h. um Verstorbenen Organe oder Organteile entnehmen zu dürfen bedarf es keiner ausdrücklichen Zustimmung.

Wo ist das Blutspenden geregelt?

Nicht nur in Katastrophenfällen, sondern schon bei geringfügigen Operationen kann eine Blutspende Leben retten. Auch für die Spenderin oder den Spender selbst hat Blutspenden Vorteile wie z.B. automatische Komplettuntersuchung des Blutes und Benachrichtigung bei Krankheiten, zu hohen Zuckerwerten oder Bluthochdruck. Das Blutspenden ist im Bundesgesetz über die Gewinnung von Blut und Blutbestandteilen in Blutspendeeinrichtungen (Blutsicherheitsgesetz 1999, BSG 1999) normiert. Es regelt die Gewinnung und Testung von menschlichem Blut und Blutbestandteilen sowie die damit zusammenhängenden Sicherheitsmaßnahmen, um Spenderinnen und Spendern sowie Patientinnen und Patienten den bestmöglichen Schutz zu bieten (§ 1 Abs 1 BSG). Eine dieser Maßnahmen ist, dass Blutspendeeinrichtungen behördlich bewilligt sein müssen (§ 14 BSG). Allgemeine Informationen zum Blutspenden kann man unter *www.blut.at* finden.

Welche Schutzmaßnahmen sind für das Blutspenden vorgesehen?

Bei der Blutspende wird Blut abgenommen und in seiner natürlichen Zusammensetzung in Beuteln zur weiteren Verarbeitung gesammelt.

§ 8 BSG regelt eine Reihe von Schutzmaßnahmen:

- Blut und Blutbestandteile dürfen einer Spenderin oder einem Spender nur mit vorheriger schriftlicher Zustimmung entnommen werden. Die Zustimmung zur Gewinnung hat freiwillig zu erfolgen.

- Vor der ersten Gewinnung von Blut oder Blutbestandteilen ist die Spenderin oder der Spender über das dabei angewendete Verfahren sowie über die mit einer Spende verbundenen möglichen Nebenwirkungen und Gesundheitsgefahren aufzuklären. Diese Aufklärung ist bei wiederholt spendenden Personen einmal jährlich zu wiederholen. Die Spenderin oder der Spender ist weiters über den beabsichtigten Zweck der Verwendung der Spende aufzuklären.
- Es ist untersagt, Spenderinnen und Spendern von Blut oder Blutbestandteilen oder dritten Personen für eine Spende einen Gewinn zukommen zu lassen oder zu versprechen. Ein Aufwandersatz ist in bestimmten Fällen zulässig.
- Der Schutz einer ausreichenden Privatsphäre der Spenderin oder des Spenders ist bei der Erhebung der Anamnese und der Eignungsuntersuchung zu gewährleisten.
- Mitarbeiter/innen der Blutspendeeinrichtung dürfen personenbezogene Daten der Spenderin oder des Spenders anderen Mitarbeiterinnen und Mitarbeitern nur in jenem Ausmaß bekannt geben, als es zu deren Aufgabenerfüllung erforderlich ist.
- Die Spenderin oder der Spender ist durch einen Aushang in der Blutspendeeinrichtung oder auf andere geeignete Weise darauf hinzuweisen, dass eine Blutspende keine angebrachte Methode zur Ermittlung seines HIV-Status ist und mit rechtlichen Konsequenzen für die Spenderin oder den Spender verbunden sein kann.

Was muss ich beim Blutspenden angeben?

Die allgemeinen Zulassungserfordernisse für Spender/innen sind in der Blutspenderverordnung (BSV) geregelt.
Gemäß § 1 BSV müssen Spender/innen Vor- und Familiennamen, Geburtsdatum und Hauptwohnsitz angeben, ihre Identität nachweisen (bei Erstspenden unbedingt mit einem amtlichen Lichtbildausweis), ihre Zustimmung schriftlich geben und Kontaktaufnahmemöglichkeiten nennen. Spender/innen sind im Rahmen der Befragung über Risken bei der Gewinnung von Blut oder Blutbestandteilen aufzuklären und über

Risikofaktoren bezüglich ihrer gesundheitlichen Eignung zur Spende sowie der einwandfreien Beschaffenheit ihres Blutes oder ihrer Blutbestandteile, insbesondere über HIV-Risikoverhalten, Hepatitiden und andere übertragbare Erkrankungen, zu informieren (§ 3 Abs 5 BSV).

Gibt es einen Blutspenderausweis?

Der Blutspenderausweis ist im § 12 BSG geregelt. Für wiederholt Vollblut spendende Personen und für jede Spenderin und jeden Spender von Blutbestandteilen gibt es einen Spenderausweis. Bei Unleserlichkeit oder Unbrauchbarkeit bzw. bei Verlust kann ein neuer Ausweis ausgestellt werden. Wenn ein dauernder Spenderausschlussgrund festgestellt wurde, muss der Spenderausweis einbehalten oder für ungültig erklärt werden.

Wann darf ich nicht zum Blutspenden?

Gemäß § 9 BSG müssen Spender/innen von Blut und Blutbestandteilen gesundheitlich geeignet sein. Die Beurteilung hat eine Ärztin oder ein Arzt vorzunehmen. Diese haben dabei sowohl den Gesundheitsschutz der Spenderin oder des Spenders als auch die einwandfreie Beschaffenheit des entnommenen Blutes oder der entnommenen Blutbestandteile zu beachten.
Die Gewinnung von Vollblut ist nach § 4 BSV nur nach einer Beurteilung des Allgemein- und Ernährungszustandes der Spenderin oder des Spenders zulässig. Nicht spenden dürfen Personen mit einem Körpergewicht von weniger als 50 kg. Auch der Blutdruck muss passen. Der systolische Wert muss zwischen 13,3 und 24 kPa (100 und 180 mm Hg), der diastolische Wert zwischen 6,67 und 13,3 kPa (50 und 100 mm Hg) liegen. Die Körperkerntemperatur darf bei Männern maximal 37,5 Grad C, bei Frauen maximal 38 Grad C betragen.
Zum Blutspenden muss man mindestens 18 Jahre alt sein (§ 6 BSV). Dauernd ausgeschlossen vom Blutspenden sind nach § 5 BSV Personen, die älter als 65 Jahre alt sind; bei Erstspenden Personen über 60. Auch bestimmte Risikofaktoren, Infektionen oder Krankheiten führen zum Ausschluss

Beispiele: chronischer Alkoholismus, Suchtmittelmissbrauch, Autoimmunerkrankungen, Blutungsbereitschaft oder sonstige Bluterkrankung, Neigung zu Krampfanfällen wie bei Epilepsie. Bei wiederholt spendenden Personen kann bei Folgespenden die Anamnese auf variable Sachverhalte eingeschränkt werden (§ 3 Abs 4 BSV).

Gibt es zeitliche oder mengenmäßige Beschränkungen beim Blutspenden?

Die Entnahmemengen und die Entnahmehäufigkeit ist in § 9 BSV geregelt.
Wird Vollblut entnommen, beträgt die Höchstentnahmemenge 500 ml pro Entnahme, das Mindestintervall zwischen den Entnahmen acht Wochen und die Jahreshöchstentnahmemenge bei Männern 3.000 ml und bei Frauen bis zur Menopause 2.000 ml und danach 2.500 ml.

Gibt es Besonderheiten bei Eigenblutspenden?

Für den Fall einer bevorstehenden Operation ist es möglich, ein Eigenblutdepot anzulegen. Auch bei Eigenblutspenden finden die Bestimmungen des BSG Anwendung. Gemäß § 3 Abs 3 Z 5 BSV muss bei Eigenblutspenden die Spenderin oder der Spender darüber informiert werden, dass das gespendete Blut oder die gespendeten Blutbestandteile für den geplanten Transfusionszweck möglicherweise nicht ausreichen.
Von der Eigenblutspende ausgeschlossen sind gemäß § 5a BSV Personen, die an einer schweren Herzerkrankung oder an einer aktiven bakteriellen Infektion leiden oder an Hepatitis B – außer HBsAg-negative Personen, die nachgewiesener Weise immun sind -, Hepatitis C, HIV-1/2, HTLV I/II litten oder leiden. Unter besonderen Umständen können aber trotzdem einzelne Spenden von solchen Spenderinnen oder Spendern nach ärztlicher Entscheidung zugelassen werden. Derartige Spenden müssen sorgfältig dokumentiert werden.

Was sind die Besonderheiten beim Plasmaspenden?

Plasma ist der flüssige Bestandteil des Blutes. Blutplasma ist unersetzbar für die Herstellung bestimmter Medikamente. Da Plasma heute noch nicht künstlich erzeugt werden kann, ist man auf die Spende Freiwilliger angewiesen.

Bei der Plasmaspende (Plasmapherese) wird das Blut abgenommen, mittels eines speziellen Filters werden die Blutzellen daraus entfernt und der Spenderin oder dem Spender wieder zurückgegeben, d. h., nur das Plasma wird weiterverarbeitet. Auch die Plasmaspende ist durch das BSG geregelt. Wird Plasma entnommen, beträgt die Höchstentnahmemenge ein Prozent des Körpergewichtes der Spenderin oder des Spenders, jedoch keinesfalls mehr als 700 ml ohne Antikoagulans. Einer Spenderin oder einem Spender darf diese Höchstentnahmemenge innerhalb von 72 Stunden einmal, innerhalb von sieben Tagen zweimal, innerhalb von 14 Tagen dreimal und innerhalb eines Jahres fünfzigmal entnommen werden. Das Mindestintervall bis zur Gewinnung einer weiteren Plasmaspende beträgt bei Nichtreinfundierung der korpuskulären Blutbestandteile 14 Tage.

Wie ist das mit Knochenmarkspenden?

Eine Knochenmarkspende ist oft die einzige Möglichkeit, Leukämie zu heilen. Anders als beim Blutspenden handelt es sich dabei allerdings um einen Eingriff unter Vollnarkose, der mit einem Krankenstand von einigen Tagen verbunden ist. Die Krankschreibung erfolgt in Übereinstimmung mit dem Wunsch und dem Zustand der Spenderin oder des Spenders. Dabei übernimmt das österreichische Stammzell-Register – ein gemeinnütziger Fonds nach dem Stiftungs- und Fonds-Gesetz – die Lohnfortzahlung für die spendende Person. Wer sich zu einer Knochenmarkspende bereit erklärt, wird in eine internationale Datenbank aufgenommen und im Bedarfsfall telefonisch kontaktiert. Nähere Informationen sind unter *www.stammzellspende.at* zu finden.

Blutspendeverbote nach §§ 4 und 5 Blutspenderverordnung

- Alkoholismus (chronischer)
- Allergie (während der Akutphase der Allergie)
- Atemwegserkrankungen
- Autoimmunerkrankungen
- Babesiose
- Behandlung mit humanen Hypophysenhormonen (z.B. Wachstumshormonen)
- Betrunkene (für die Dauer dieses Zustands)
- Bewusstseinsauffällige Personen (für die Dauer dieses Zustands)
- Bluterkrankung
- Bluttransfusion in den letzten zwölf Monaten (für die Dauer von zwölf Monaten ab diesem Ereignis)
- Blutungsbereitschaft
- Borrelien-Infektionen (für die Dauer von zwei Jahren nach erfolgreichem Abschluss einer Behandlung)
- Brucellen-Infektionen (für die Dauer von zwei Jahren nach erfolgreichem Abschluss einer Behandlung)
- Chagas-Krankheit
- Darmerkrankungen
- Desensibilisierungsbehandlung im Zusammenhang mit Allergien (für die Dauer von 72 Stunden nach Verabreichung)
- Endoskopie, ausgenommen mit vollsterilisierbaren Endoskopen, z.B. starren Kniegelenksendoskopen (für die Dauer von zwölf Monaten ab diesem Ereignis)
- Enzephalopathie (übertragbare spongiforme), insbesondere die neue Variante der Creutzfeldt-Jakob Krankheit (nvCJD)
- Epilepsie
- Fieber, rheumatisches (für die Dauer von zwei Jahren nach dem Verschwinden der Symptome, außer bei Anhaltspunkten für eine chronische Erkrankung)
- Geburt (Zeitraum von mindestens sechs Monaten nach der Geburt)
- Gefäßerkrankungen

- Gewebetransplantat, allogenes (für die Dauer von zwölf Monaten ab diesem Ereignis)
- Hepatitis, infektiöse (bei unklarer Genese)
- Hepatitis B-Immunglobulingabe (für die Dauer von zwölf Monaten nach erfolgter Immunisierung)
- Herzerkrankungen
- HIV- oder HBV-Risiko oder ein Risiko für eine Infektion mit sonstigen sexuell übertragbaren Krankheiten
- Immunisierung, passive (für die Dauer von sechs Monaten nach erfolgter Immunisierung)
- Impfungen mit Lebendvakzinen, insbesondere gegen Mumps, Masern, Röteln, Gelbfieber, Varizellen, Poliomyelitis (oral), Typhus und Bacille-Calmette-Guerin (BCG) (für die Dauer von vier Wochen nach erfolgter Impfung)
- Impfungen mit Totvakzinen oder Toxoidimpfstoffen, insbesondere Poliomyelitis-Totimpfstoff, Influenza, FSME, Variola, Hepatitis A, Hepatitis B, Cholera, Diphtherie, Tetanus, Meningokokken und Tollwut (für die Dauer von 48 Stunden nach erfolgter Impfung)
- Infektion mit dem Human Immundeficiency Virus (HIV)
- Infektion mit dem Human T-cell-leucaemia Virus (HTLV I/II)
- Infektion mit Hepatitis B Virus
- Infektion mit Hepatitis C Virus
- Infektionsgefährdender Kontakt mit Blut oder mit Blut verunreinigten Instrumenten (für die Dauer von zwölf Monaten ab diesem Ereignis)
- Infektionsgefährdender Kontakt mit einer an Hepatitis B oder C erkrankten Person (für die Dauer von zwölf Monaten ab diesem Ereignis)
- Infektionskontakt (für die Dauer der Inkubationszeit, bei Unkenntnis der zugrunde liegenden Erkrankung für die Dauer von vier Wochen ab der Exposition)
- Infektionskrankheit (für die Dauer der Krankheit und für die Dauer von 14 Tagen nach Abklingen der Symptome)
- Katheder, z.B. Untersuchung oder Behandlung, bei der ein intravasaler Zentralkatheter (ausgenommen Einmalkathe-

ter) verwendet wurde (für die Dauer von zwölf Monaten ab diesem Ereignis)

- Leishmaniose
- Lepra
- Magenkrankheiten
- Malariaendemiegebietsaufenthalte in den letzten sechs Monaten (für die Dauer von sechs Monaten nach dem Verlassen des Endemiegebietes)
- Malaria-Herkunft (Geburt oder Aufwachsen in Malaria-Endemiegebieten oder Aufenthalt in Malaria-Endemiegebieten, wenn während oder nach dem Aufenthalt Fieberschübe aufgetreten oder sonstige Hinweise auf Malaria erhebbar sind)
- Mononukleose, infektiöse (Epstein Barr Virus) (für die Dauer von sechs Monaten nach Heilung)
- Nierenkrankheiten
- Nierenkrankheiten, akute wie z.B. akuter Glomerulonephritis oder Pyelonephritis (für die Dauer von fünf Jahren ab vollständiger Heilung)
- Operative Eingriffe, kleinere, ohne Komplikationen verlaufene (z.B. Zahnextraktionen für die Dauer von einer Woche ab dem Eingriff)
- Osteomyelitis (für die Dauer von zwei Jahren nach bestätigter Heilung)
- Piercing außerhalb medizinischer Einrichtungen (für die Dauer von zwölf Monaten nach diesem Ereignis)
- Q-Fieber (für die Dauer von zwei Jahren nach bestätigter Heilung)
- Schwangerschaft
- Schwangerschaftsabbruch (Zeitraum von mindestens sechs Monaten nach dem Abbruch)
- Sexuell übertragbare Krankheiten (für die Dauer von zwölf Monaten nach diesem Ereignis)
- Stillperiode
- Stoffwechselerkrankungen
- Suchtmittelmissbrauch
- Syphilis (für die Dauer von einem Jahr nach bestätigter Heilung)

- Tätowierung (für die Dauer von zwölf Monaten ab diesem Ereignis)
- Tollwutimpfung, postexpositionelle (für die Dauer von zwölf Monaten nach erfolgter Impfung)
- Toxoplasmose (für die Dauer von sechs Monaten nach klinischer Heilung)
- Tuberkulose (für die Dauer von zwei Jahren nach bestätigter Heilung)
- West-Nil-Virus-Endemiegebietsaufenthalte (für die Dauer von 28 Tagen nach Verlassen des West-Nil-Virus-Endemiegebietes)
- Zahnbehandlung (für die Dauer von 48 Stunden nach diesem Ereignis)
- Zelltransplantat, allogenes (für die Dauer von zwölf Monaten ab diesem Ereignis)
- Zentralnervensystemerkrankungen

Wie ist die Rechtslage im Zusammenhang mit Organspenden?

Organspenden sind unter dem Titel „Entnahme von Organen oder Organteilen Verstorbener zum Zwecke der Transplantation" in § 62a des Krankenanstalten- und Kuranstaltengesetzes (KAKuG) geregelt.

Es ist zulässig, Verstorbenen einzelne Organe oder Organteile zu entnehmen, um durch deren Transplantation das Leben eines anderen Menschen zu retten oder dessen Gesundheit wiederherzustellen. Organentnahmen zu Forschungszwecken sind unter diesem Titel nicht möglich. Auch die Entnahme mehrerer Organe (Multiorganspende) ist rechtlich gedeckt. Die Entnahme ist unzulässig, wenn den Ärztinnen und Ärzten eine Erklärung vorliegt, mit der die verstorbene Person oder, vor ihrem Tod, ihre gesetzliche Vertreterin oder ihr gesetzlicher Vertreter, eine Organspende ausdrücklich abgelehnt hat.

Das heißt, es gilt die sogenannte Widerspruchslösung, das Opting-Out. Jede/r ist nach dem Tod potenzielle/r Organspender/in. Wer nicht als solche/r fungieren will, muss dies zu Lebzeiten beeinspruchen. (Das gegenteilige Modell wäre die sogenannte Zustimmungs- oder Erklärungslösung, das Opting-In, nach der Organentnahmen an eine verbindliche Einverständniserklärung – mittels Spenderausweis – der Patientin oder des Patienten gebunden sind oder nur nach Einwilligung von engen Verwandten erfolgen dürfen.) Dazu gibt es das zentrale Widerspruchregister, das rund um die Uhr abfragbar ist und das Ärztinnen und Ärzte vor einer Organentnahme verpflichtend einsehen müssen. Dabei ist es auch möglich, den Widerspruch zu begrenzen: z.B. die Organentnahme nur für Familienangehörige zuzulassen oder nur ein bestimmtes Organ wie das Herz von der Entnahme auszunehmen. Jugendliche ab 16 Jahren können Ein- und Austräge im Widerspruchregister eigenständig unterfertigen.

Das Widerspruchregister besteht seit dem 1. Jänner 1995. Die notwendigen Aufgaben werden von ÖBIG-Transplant (Administration und Registrierung) und von der dem ÖBIG angeschlossenen Vergiftungsinformationszentrale (Abfrageabwicklung) wahrgenommen. Nähere Informationen unter *www.oebig.org* (Österreichisches Bundesinstitut für Gesundheitswesen), wo es auch Downloadmöglichkeiten „Widerspruch gegen Organspende" und „Streichung des Widerspruches" – jeweils getrennt für Erwachsene und Kinder – gibt.

Das Register ist aber nicht die einzige Möglichkeit, einen Widerspruch zu deponieren. Im Grunde genügt auch ein persönlich unterschriebenes Schriftstück, das man bei sich trägt. Ärztinnen und Ärzte sind allerdings nicht verpflichtet, nach derartigen schriftlichen Widersprüchen zu suchen. Das ist besonders auch für auswärtige Personen relevant. Denn das Widerspruchregister ist primär für die österreichische Wohnbevölkerung eingerichtet worden, zumal die Abfrage-Identifikation hauptsächlich über die österreichische Sozialversicherungsnummer erfolgt. Personen, die sich nur kurzzeitig in Österreich aufhalten, bei Urlaub, Kongress, Familienbesuch, wird empfohlen, ihre persönlichen Willensbekundungen bezüglich einer postmortalen Organspende als Zustimmung „Ich will Organspender/in sein" oder als Ablehnung „Ich will nicht Organspender/in sein" schriftlich bei den Ausweispapieren zu deponieren. Dieser deklarierte Wunsch wird im Falle des Ablebens respektiert. Darüber hinaus wird auch ein Gespräch mit den Angehörigen gesucht.

Was passiert, wenn Organe trotz eingetragenen Widerspruchs entnommen werden?

In einem solchen Fall ist eine Anzeige an die Bezirksverwaltungsbehörde möglich. Denn gemäß § 62c KAKuG gilt Folgendes: Wer dem § 62a KAKuG zuwiderhandelt, begeht, sofern nicht eine gerichtlich strafbare Tat vorliegt, eine Verwaltungsübertretung und ist mit Geldstrafe bis 2.180 Euro zu bestrafen.

Ab welchem Zeitpunkt dürfen Organe entnommen werden und welche?

Die Entnahme darf nach § 62a Abs 2 KAKuG erst durchgeführt werden, wenn ein/e zur selbstständigen Berufsausübung berechtigte Ärztin oder berechtigter Arzt den eingetretenen Tod festgestellt hat. Diese Ärztin bzw. dieser Arzt darf weder die Entnahme noch die Transplantation durchführen. Sie oder er darf an diesen Eingriffen auch sonst nicht beteiligt oder durch sie betroffen sein.

Strittig ist, ob außer Organen auch Hände und Beine entnommen werden dürfen. Eine „die Pietät verletzende Verunstaltung der Leiche" ist nämlich verboten.

Wer erfährt von der Organtransplantation?

Datenschutzmäßig gibt es für Organtransplantationen eine gesetzliche Sondernorm, nämlich § 62b KAKuG. Nach dieser Bestimmung sind Angaben über die Person von Spender/innen bzw. Empfänger/innen vom Auskunftsrecht gemäß § 26 Datenschutzgesetz (DSG) ausgenommen. Nach § 26 Abs 1 DSG müsste nämlich die Auftraggeberin oder der Auftraggeber (Datenverarbeiter/in) der betroffenen Person Auskunft über die zu ihr verarbeiteten Daten geben, wenn die betroffene Person dies schriftlich verlangt und ihre Identität in geeigneter Form nachweist.

Was ist mit Lebendorganspenden?

Lebendorganspenden unterliegen dem generellen Selbstbestimmungsrecht. Das heißt, es muss die ausdrückliche Einwilligung der Spenderin oder des Spenders vorliegen. Voraussetzung für die Gültigkeit dieser Einverständniserklärung ist eine ärztliche Aufklärung über Risken und Folgen der Lebendspende. Über die Möglichkeit von Lebendorganspenden informieren das Allgemeine Krankenhaus Wien, die Universitätskliniken Graz und Innsbruck sowie das Allgemeine Krankenhaus Linz. Links auf *www.help.gv.at.*

Kann ich als Organspender/in in Krankenstand gehen?

Organspenden wird sozialversicherungsrechtlich wie eine Krankheit behandelt. Bei Vorliegen einer Krankheit und dadurch bedingter Arbeitsunfähigkeit gebührt erwerbstätigen Pflichtversicherten Krankengeld (§ 120 ASVG, § 106 GSVG). Einer Krankheit in diesem Sinne wird gleichgehalten, wenn ein/e Versicherte/r (Angehörige/r) in nicht auf Gewinn gerichteter Absicht einen Teil des Körpers zur Übertragung in den Körper eines anderen Menschen spendet (§ 120 ASVG). Unabhängig von dieser sozialversicherungsrechtlichen Vorschrift wäre eine entgeltliche Organspende ein sittenwidriger Vertrag im Sinne des § 879 ABGB. Nicht sittenwidrig wäre bloß die Abgeltung von Fahrtkosten, Barauslagen und allfälliger Behandlungskosten.

Gibt es auch rechtliche Bestimmungen für Organempfänger/innen?

Eine Sonderbestimmung für Organempfänger/innen ist § 16 Abs 1 FSG-GV. Personen, an denen eine Organtransplantation vorgenommen wurde oder die ein Implantat erhalten haben, darf, wenn sich dies auf die Fahrtüchtigkeit auswirken kann, eine Lenkberechtigung nur nach einer befürwortenden Stellungnahme einer zuständigen Fachärztin oder eines zuständigen Facharztes und gegebenenfalls ärztlicher Kontrolluntersuchungen erteilt oder belassen werden.

Arzneimittel und Medizinprodukte

Arzneimittel und Medizinprodukte sind aus der modernen medizinischen Diagnostik und Therapie nicht wegzudenken. Für den Alltag relevant ist dabei vor allem die Frage, was man wo bekommt. Im normalen Geschäft? in der Drogerie? in der Apotheke?

Was ist der Unterschied zwischen Medikament, Arzneimittel und Heilmittel?

Der Begriff „Medikament" ist der österreichischen Rechtssprache fast zur Gänze unbekannt, eine der seltenen Ausnahmen findet sich in § 3 Abs 1 lit b des Rezeptpflichtgesetzes. In der medizinischen und pharmazeutischen Fachsprache ist ein Medikament – vom lateinischen medicamentum = das Heilmittel –, ein Arzneimittel, das zur Heilung, Vorbeugung oder Linderung einer Krankheit dient.

Der Begriff Arzneimittel ist der verwaltungsrechtliche Begriff und findet sich im Arzneimittel- und Apothekenrecht. So dienen Arzneimittel gemäß § 1 Abs 1 Z 1 AMG dazu „Krankheiten, Leiden, Körperschäden oder krankhafte Beschwerden zu heilen, zu lindern, zu verhüten oder zu erkennen". Der Arzneimittelbegriff schließt somit alle Medikamente ein, geht aber über den Begriff eines Medikamentes hinaus. Von Medikamenten abzugrenzen sind Arzneimittel zur Diagnose von Erkrankungen und körperlichen Zuständen (Diagnostika) und Arzneimittel, die dem Ersatz von Körperflüssigkeiten dienen wie Blutpräparate und Infusionen.

Heilmittel hingegen ist der sozialversicherungsrechtliche (vgl. § 136 ASVG) Begriff. Er ist sehr umfassend und deckt Arzneimittel ebenso ab wie Verbandstoffe, unter Umständen sogar balneologische und hydrotherapeutische Maßnahmen. Er wird aber weitgehend wie der Begriff Arzneimittel verwendet. So ist z.B. das erklärte Ziel der Heilmittel-Bewilligungs- und Kontroll-Verordnung die nachhaltig gesicherte Versorgung der Patientinnen und Patienten mit Arzneispezialitäten. In Deutschland werden unter Heilmittel allerdings keine Produkte, sondern nur ärztlich verordnete Dienstleistungen, wie medizinisch unterstützende Maßnahmen wie Badekuren, Massagen, Ergotherapie und Krankengymnastik, verstanden. Die drei Begriffe werden umgangssprachlich meist synonym verwendet. Das ist in der Regel auch kein Problem, weil wie oben gezeigt Arzneimittel größtenteils Medikamente sind. Auch in diesem Kapitel wird das so gehandhabt. Gesondert erwähnt werden muss dann nur mehr der Begriff Heilbehelf (vgl § 137 ASVG). Darunter werden Brillen, Kontaktlinsen, orthopädische Schuheinlagen, Bruchbänder usw. verstanden. Dabei handelt es sich gleichzeitig um Medizinprodukte.

Warum bekomme ich im Geschäft kein Kopfwehmittel?

Während Lebensmittel – wozu auch Nahrungsergänzungsmittel zählen – im Lebensmittelhandel erhältlich sind, gibt es für Arzneimittel, dazu zählen eben auch Mittel gegen Kopfschmerzen, strengere Vorschriften. Arzneimittel dürfen an Letztverbraucher/innen grundsätzlich nur in Apotheken abgegeben werden (Kleinverkauf). Dieses Abgabemonopol der Apotheke wird als Apothekenvorbehalt bezeichnet. Der Apothekenvorbehalt ist zu Gunsten bestimmter Berufsgruppen durchbrochen. Zum Kleinverkauf von Arzneimitteln berechtigt sind z.B. auch Drogistinnen und Drogisten und Gewerbetreibende, die zur Herstellung von Arzneimitteln berechtigt sind. Dazu gibt es eine eigene Abgrenzungsverordnung (BGBl 2004/122), die einen Katalog von Arzneimitteln enthält, die auch außerhalb von Apotheken abgegeben werden dürfen. Dazu zählen z.B. Baldriantinktur, Blasentee, Brusttee, Gallentee, medizinische Kohle, Nerventee, Salbeitinktur und Zinkpaste.

Kann ich in der Apotheke eine Beratung verlangen?

Die Beratung in Apotheken ist in der Apothekenbetriebsordnung (ABO), einer Verordnung, die aufgrund ermächtigender Normen des Apothekengesetzes (ApG) und des AMG erlassen wurde, geregelt. Apotheker/innen müssen Kundinnen und Kunden beraten, wenn dies aus Gründen der Arzneimittelsicherheit notwendig ist, die Abgabe eines Arzneimittels eine

Beratung erforderlich macht oder eine Beratung verlangt wird (§ 10 Abs 1 ABO). Man kann also beim Kauf eines Arzneimittels eine Beratung verlangen. Dies umso eher bei Arzneimitteln, bei denen es keine schriftliche Gebrauchsinformation gibt (z.B. magistrale Rezepturen). Die spezielle apothekenrechtliche Beratungspflicht erstreckt sich aber nicht auf in der Apotheke erhältliche Produkte, die nicht Arzneimittel sind. Hier gibt es aber eine zivilrechtliche Pflicht zur Produktberatung als vertragliche Nebenpflicht, wie bei jedem anderen Warenverkauf auch.

Eine Selbstbedienung bei Arzneimitteln – sowohl für rezeptpflichtige als auch für rezeptfreie – ist gesetzlich verboten (§ 59 Abs 9 AMG).

Darf eigentlich jeder Elektromarkt Blutdruckmessgeräte verkaufen?

Unter Medizinprodukten werden Instrumente, Apparate, Vorrichtungen, aber auch Stoffe – ausgenommen Arzneimittel – verstanden, die zur Erkennung, Verhütung, Überwachung, Behandlung oder Linderung von Krankheiten, Verletzungen, Behinderungen oder zur Empfängnisregelung beim Menschen bestimmt sind. Blutdruckmessgeräte sind Medizinprodukte nach dem Medizinproduktegesetz (MPG). Die Herstellung und Aufbereitung von Medizinprodukten, soweit diese Tätigkeiten nicht unter ein anderes reglementiertes Gewerbe fallen, und der Handel mit Medizinprodukten ist gemäß § 94 Z 33 GewO 1994 dem reglementierten Gewerbe „Handel mit Medizinprodukten" vorbehalten. Eine Verordnung des Bundesministers für Wirtschaft und Arbeit, die im Einvernehmen mit der Bundesministerin für Gesundheit und Frauen erlassen wurde, die „Verordnung zur Festlegung dem reglementierten Gewerbe des Handels mit Medizinprodukten nicht vorbehaltener Medizinprodukte und dem Gewerbe der Drogisten zukommender Verkaufsrechte bezüglich Medizinprodukten" (Freie Medizinprodukteverordnung) setzt Ausnahmen fest. Blutdruckmessgeräte (§ 1 Z 6) sind ausgenommen und dürfen frei von jeder Person oder jeder Handelsgesellschaft, die ein allgemeines Handelsgewerbe oder das Drogistengewerbe betreibt, verkauft werden. Dasselbe gilt für:

- Fieberthermometer (§ 1 Z 1).
- Bandagen inklusive Stützbandagen, ausgenommen medizinische Kompressionsstrümpfe und orthopädische Bandagen, die individuell am Patienten angepasst oder angemessen werden (§ 1 Z 2).
- Heftpflaster und Verbände ohne Arzneimittelkomponente (§ 1 Z 3).
- Einfachere Erste-Hilfe-Ausstattungen wie Verbandzeug in Behältern im Sinne des § 102 Abs 10 KFG (§ 1 Z 4).
- Kondome (§ 1 Z 5).

Welche Medizinprodukte gibt es in den Drogerien zu kaufen?

Folgende Produkte dürfen außerhalb von Apotheken und dem Medizinproduktehandel auch in Drogerien vertrieben werden:

- Lichttherapiegeräte zur Prophylaxe oder zur Behandlung einer saisonal abhängigen Depression (§ 2 Z 1).
- Rotlichtlampen (§ 2 Z 2).
- Inhalationsgeräte (§ 2 Z 3).
- In-Vitro-Diagnostika zur Eigenanwendung (§ 2 Z 4).
- Medizinprodukte zum Reinigen, Desinfizieren, Abspülen, Aufbewahren oder Hydratisieren von Kontaktlinsen (§ 2 Z 5).
- Kanülen, Lancetten, Spritzen (§ 2 Z 6).
- Magnetfeldtherapiegeräte zur Eigenanwendung (§ 2 Z 7).

Die Verordnung nennt In-Vitro-Diagnostika:

- Zur Bestimmung einer Schwangerschaft.
- Zur Bestimmung oder Vorhersage des Ovulationstermines oder der fruchtbaren Tage der Frau oder des Eintritts der Menopause.
- Zur Bestimmung von okkultem Blut im Stuhl.
- Zur Bestimmung des Glukosespiegels in Blut und Harn.
- Zur Bestimmung von Parametern der Blutfette.

- Zur Bestimmung einfacher Parameter im Harn (pH, Eiweiß, Keton, Bilirubin, Erythrozyten, Leukozyten).
- Sonstige In-Vitro-Diagnostika zur Eigenanwendung, sofern diese nicht der Verschreibungspflicht gemäß einer Verordnung nach § 100 MPG oder einer Abgabebeschränkung gemäß einer Verordnung nach § 99 MPG unterliegen.

§ 2 Abs 2 der Verordnung normiert für bestimmte Produkte Zusatzvorgaben für Drogistinnen und Drogisten. Diese müssen die genannten Produkte derart verwahren, dass eine Abgabe ausschließlich im Rahmen eines Beratungsgespräches mit einer Person, die die persönliche und fachliche Eignung besitzt, erfolgen kann.

Versicherungen

- Medizinische Zusatzversicherungen
- Privatkrankenversicherung
- Wartezeiten
- Privatunfallversicherung
- Lebensversicherung
- Auskünfte über den Gesundheitszustand
- Verwendung von Gesundheitsdaten
- Reisegepäckversicherung und Medikamente
- Reisestornoversicherung
- Pflicht zur ärztlichen Untersuchung

Privatkrankenversicherung

Die berühmte Frage „Sind Sie zusatzversichert?" verweist auf die Privatkrankenversicherung. Das Versicherungsvertragsgesetz hält für diesen bedeutsamen Versicherungszweig eine Reihe von Konsumentenschutzbestimmungen bereit.

Was sind medizinische Zusatzversicherungen?

Unter medizinischen Zusatzversicherungen versteht man die private Krankenversicherung und die private Unfallversicherung. Diese Versicherungen bieten an, Versicherungsrisken im Gesundheitsbereich abzudecken und Leistungen zu ersetzen, die vom staatlichen Versicherungssystem nicht umfasst sind.

Bei Abschluss eines solchen Versicherungsvertrages erteilt die Versicherungsnehmerin oder der Versicherungsnehmer dem Versicherungsunternehmen die Erlaubnis, von der Ärztin oder vom Arzt Auskünfte über den Gesundheitszustand der versicherten Person einzuholen. Dazu sind Ärztinnen und Ärzte trotz ihrer berufs- und strafrechtlichen Verschwiegenheitspflicht berechtigt, wenn die versicherte Person sie von dieser Pflicht entbindet.

Was beinhaltet die private Krankenversicherung?

Die private Krankenversicherung (Zusatzversicherung) ist in den §§ 178a bis 178n des Versicherungsvertragsgesetzes (VersVG) geregelt.

§ 178b VersVG listet die verschiedenen Versicherungsmöglichkeiten auf:

- Krankheitskostenversicherung. Hier ist das Versicherungsunternehmen verpflichtet, die Aufwendungen für medizinisch notwendige Heilbehandlung wegen Krankheit oder Unfallfolgen und für sonstige vereinbarte Leistungen, einschließlich medizinischer Betreuung und Behandlung bei Schwangerschaft und Entbindung im vereinbarten Umfang zu ersetzen.
- Krankenhaustagegeldversicherung. Hier ist das Versiche-

rungsunternehmen verpflichtet, bei medizinisch notwendiger stationärer Heilbehandlung das vereinbarte Krankenhaustagegeld zu leisten.

- Krankengeldversicherung. Hier ist das Versicherungsunternehmen verpflichtet, den als Folge von Krankheit oder Unfall durch Arbeitsunfähigkeit verursachten Verdienstausfall durch das vereinbarte Krankengeld zu ersetzen.
- Pflegekrankenversicherung. Hier ist das Versicherungsunternehmen verpflichtet, im Fall der Pflegebedürftigkeit die Aufwendungen, die für die Pflege der versicherten Person entstehen, im vereinbarten Umfang zu ersetzen (Pflegekostenversicherung) oder das vereinbarte Tagegeld zu leisten (Pflegetagegeldversicherung).

Versicherungsunternehmen können auch davon abweichende oder darüber hinausgehende Produkte anbieten. Ein Beispiel wäre die Zahnversicherung. Dabei kommt die Versicherung für die Kosten einer konservierenden Zahnbehandlung oder eines Zahnersatzes auf, wobei meist ein Selbstbehalt vorgesehen ist.

Einige gesetzliche Schranken aber gibt es. § 178b Abs 5 VersVG legt ein versicherungsrechtliches Diskriminierungsverbot fest. Dort ist bestimmt, dass die Kosten und Risken der medizinischen Betreuung und Behandlung im Zusammenhang mit der Schwangerschaft, der Entbindung und der Mutterschaft nicht zu unterschiedlichen Prämien oder Leistungen zwischen Frauen und Männern in der Krankenversicherung führen dürfen. Krankenversicherungsverträge dürfen auch nur auf Lebenszeit der Versicherungsnehmerin oder des Versicherungsnehmers geschlossen werden – ausgenommen kurzfristige Versicherungen, die auf weniger als ein Jahr befristet sind. Andere Befristungen sind unwirksam. (§ 178i VersVG)

Dürfen die Versicherungen eine ärztliche Untersuchung verlangen?

Vor dem Versicherungsabschluss besteht für die zu versichernde Person die Verpflichtung, das Versicherungsunternehmen

über bestehende Krankheiten zu informieren. Die Versicherungsunternehmen haben auch das Recht, eine ärztliche Untersuchung zu verlangen. Versicherungsnehmer/innen sind dann verpflichtet, der Ärztin oder dem Arzt wahrheitsgetreu zu antworten, wenn diese/r die Krankengeschichte erhebt.
Vorsicht! Kommt es zu einer Verletzung dieser Informationspflicht – z.B. das Verschweigen einer bestehenden Krankheit – durch die zu versichernde Person, kann das Versicherungsunternehmen vom Vertrag zurücktreten oder den Vertrag kündigen. Allerdings ist das nicht mehr möglich, wenn seit dem Vertragsabschluss bereits drei Jahre verstrichen sind. Auch in diesem Fall bleibt das Rücktrittsrecht aber bestehen, wenn die Informationspflicht arglistig verletzt worden ist (§ 178k VersVG), wenn also jemand die Ärztin oder den Arzt durch die Angabe falscher Symptome bewusst getäuscht hat.

Muss ich neu auftretende Krankheiten der Versicherung melden?

Normalerweise sind versicherte Personen verpflichtet, neue Risken bzw. gefahrerhöhende Umstände dem Versicherungsunternehmen zu melden. Gemäß § 178a Abs 3 VersVG sind aber die Bestimmungen über die Gefahrerhöhung (§§ 23 bis 30 VersVG) auf die Krankenversicherung nicht anzuwenden. Das bedeutet, dass neu hinzu kommende gesundheitliche Beeinträchtigungen der Versicherung nicht mitgeteilt werden müssen.

Können Wartezeiten vorgeschrieben werden?

Unter Wartezeit versteht man einen Zeitraum, der zwischen dem Versicherungsvertragsabschluss und der Inanspruchnahme einer Leistung aus diesem Vertrag liegen muss.
Auch hier kennt das VersVG (§ 178d) strenge Regeln. Es legt Obergrenzen für Wartezeiten fest:

- Drei Monate allgemeine Wartezeit in der Krankheitskosten-, Krankenhaustagegeld- und Krankengeldversicherung.
- Acht Monate besondere Wartezeit für Psychotherapie, Zahnbehandlung, Zahnersatz und Kieferorthopädie.

- Neun Monate besondere Wartezeit für Entbindung sowie damit im Zusammenhang stehende Heilbehandlungen.
- Drei Jahre in der Pflegeversicherung.

Dazu gibt es allerdings auch eine Ausnahme. Soweit Versicherungsschutz ausdrücklich für solche Krankheiten oder Unfallfolgen vereinbart wird, die beiden Vertragsteilen bei Vertragsabschluss bereits bekannt sind, dürfen auch längere als die oben genannten Wartezeiten vereinbart werden.
Tritt ein Versicherungsfall vor Ablauf der Wartezeit ein, so ist das Versicherungsunternehmen zur Leistung nur dann verpflichtet, wenn die versicherte Person beweist, dass die Krankheit erst nach Vertragsabschluss erkennbar wurde beziehungsweise dass die Schwangerschaft erst nach diesem Zeitpunkt begonnen hat.

Kann mich die Versicherung „hinauswerfen"?

Unter bestimmten Bedingungen kann ein Versicherungsunternehmen Zusagen widerrufen. § 178c VersVG normiert dazu aber sehr strenge Rahmenbedingungen. Besteht eine Kostendeckungszusage – Zusage, bestimmte medizinische Leistungen zur Gänze zu vergüten –, so endet die Wirksamkeit dieser Zusage nicht vor ihrem schriftlichen Widerruf. Die Zusage muss die Angabe umfassen, zu welchem Termin sie frühestens widerrufen werden kann. Ohne diese Angabe kann die Kostendeckungszusage vor Ablauf zweier Jahre nicht widerrufen werden. Ist der Widerruf zulässig, wird er trotzdem erst nach Ablauf von drei Wochen wirksam. Er kann auch nicht gegen eine versicherte Person, die im Krankenhaus liegt, ausgesprochen werden. Ein Widerruf ist nämlich für solche stationären Heilbehandlungen ohne Wirkung, die vor dem Wirksamwerden der entsprechenden Mitteilung des Versicherers begonnen haben.
§ 178i VersVG normiert für die Krankenversicherung ein prinzipielles Kündigungsverbot, mit Ausnahme von Gruppenversicherungsverträgen und Krankengeldversicherungsverträgen. Die Versicherung darf den Vertrag aber auch kündigen,

wenn die versicherte Person gegen ihre Obliegenheiten – z.B. die vorvertraglichen Anzeigepflichten – verstoßen hat. Eine weitere Ausnahme stellt der Prämienverzug dar. Das Kündigungsverbot ist eine bedeutsame Schutzklausel für Versicherungsnehmer/innen. Natürlich sollten diese auch nicht selbst den Versicherungsvertrag kündigen – auch dann gehen nämlich ihre Ansprüche verloren.

Können häufige Erkrankungen zu Prämienerhöhungen führen?

Häufige Erkrankungen erhöhen das Risiko für die Versicherung. Wenn sie den Versicherungsvertrag nun schon nicht kündigen darf, könnte sie dann die Prämie erhöhen? Nein, denn solche Prämienerhöhungen wären unzulässig – selbst dann, wenn sich eine Anpassungsklausel dieses Inhalts im Versicherungsvertrag befinden würde. Denn § 178f Abs 2 VersVG verbietet eine Prämienanpassung, die bloß vom Älterwerden der versicherten Person oder von der Verschlechterung ihres Gesundheitszustandes abhängig gemacht wird. Möglich wären aber Kinder- oder Jugendprämientarife. Es kann nämlich in zulässiger Weise vereinbart werden, dass eine zunächst geringere Prämie ab einem bestimmten Lebensalter der versicherten Person auf denjenigen Betrag angehoben wird, den der betreffende Tarif für Versicherte vorsieht, die mit diesem Alter in die Versicherung eintreten. Dieses Lebensalter darf nicht über 20 Jahren liegen.

Zahlt die Versicherung bei jeder Krankheit und jedem Unfall?

§ 178l VersVG nimmt Versicherungsunternehmen vor vorsätzlichen Handlungen in Schutz. Im Gegensatz zur gesetzlichen Krankenversicherung, wo es eine Kostenübernahme auch für die Behandlung von vorsätzlich herbeigeführten Körperschäden gibt. Es besteht nämlich keine Leistungsverpflichtung, wenn die versicherte Person ihre Krankheit oder ihren Unfall vorsätzlich herbeigeführt hat. Leistungsfreiheit bei Vorsatz.

Privatunfallversicherung

Die private Unfallversicherung bezieht ihre Daseinsberechtigung aus der Tatsache, dass die gesetzliche Unfallversicherung im Wesentlichen nur bei Arbeitsunfällen Versicherungsschutz gewährt. Der weite und immer bedeutsamer werdende Bereich der Freizeit und des Freizeitsports unterliegt der versicherungsmäßigen Eigenverantwortung.

Was beinhaltet die private Unfallversicherung?

Die private Unfallversicherung ist in den §§ 179 bis 185 VersVG geregelt. Sie wird häufig für Sport und Freizeit – insbesondere gegen das Risiko der Invalidität nach selbst verschuldeten Freizeitunfällen – abgeschlossen. Für Arbeitsunfälle besteht ja die gesetzliche Unfallversicherung. Die Versicherungsunternehmen bieten zu diesem Zweck eine Reihe von Produkten an, die einen dem individuellen Bedarf entsprechenden Versicherungsschutz ermöglichen. Neben Versicherungsleistungen in Kapital- oder Rentenform sind auch – zusätzliche – Behandlungs- und Rehabilitationskosten sowie auch Bergungskosten versicherbar. Unter Bergungskosten werden jene Kosten verstanden, die notwendig werden, wenn die versicherte Person einen Unfall erlitten hat oder in Bergnot oder Wassernot geraten ist und verletzt oder unverletzt geborgen werden muss. Somit wäre in diesem Bereich ein Unfall keine Voraussetzung für den Versicherungsschutz. Der Bergungskostenersatz ist aber oft betragsmäßig beschränkt. Über den Sportbereich hinaus deckt eine private Unfallversicherung auch Risken bei der Haushalts- oder Gartenarbeit ab.

Was ist eigentlich ein Unfall?

Laut Versicherungsbedingungen ist ein Unfall ein vom Willen der versicherten Person unabhängiges Ereignis, das plötzlich von außen mechanisch oder chemisch auf ihren Körper einwirkt und eine körperliche Schädigung nach sich zieht. Als Unfall gelten aber auch Verrenkungen von Gliedern sowie

Zerrungen und Zerreißungen von an Gliedmaßen und an der Wirbelsäule befindlichen Muskeln, Sehnen, Bändern und Kapseln infolge plötzlicher Abweichung vom geplanten Bewegungsablauf. Auch Wundinfektionen infolge einer Unfallverletzung sind durch die Unfallversicherung gedeckt. Krankheiten gelten jedoch nicht als Unfälle!

Aus all dem ergibt sich die Notwendigkeit, für folgende Fälle zusätzlich Vorsorge zu treffen:

- Erfrierungen.
- Erschöpfungsfolgen.
- Unfälle als Folge eines Herzinfarktes.
- Unfälle als Folge eines Schlaganfalles.
- Unfälle als Folge von Bewusstseinsstörungen.
- Unfälle als Folge von Geistesstörungen.
- Durch Zeckenbiss übertragene FSME.

In vielen Versicherungsangeboten gelten einige dieser oder alle diese Risken aber als mitversichert.

Gilt die Versicherung für jede Art von Sportunfall?

Auch bei der privaten Unfallversicherung gilt (§ 181 VersVG), dass das Versicherungsunternehmen von der Verpflichtung zur Leistung befreit wird, wenn die von einem Unfall betroffene Person den Unfall vorsätzlich herbeigeführt hat. Darüber hinaus muss die versicherte Person gemäß § 183 VersVG für die Abwendung und Minderung der Folgen des Unfalles nach Möglichkeit sorgen und dabei die Weisungen des Versicherungsunternehmens befolgen, soweit ihr nicht etwas Unbilliges zugemutet wird.

Es gibt allerdings auch für das bloß fahrlässige Verunfallen Versicherungsausschlüsse. Extremsportarten wie Paragleiten, Drachenfliegen, Rafting oder Eisklettern sind meist ausgeschlossen oder nur mit einem Zuschlag zur Unfallversicherungsprämie versicherbar. Man kann aber Spezialunfallversicherungen, auch nur für die Dauer eines Urlaubs, abschließen.

Ausgeschlossen ist in der Privatunfallversicherung in der Re-

gel auch die entgeltliche sportliche Betätigung. Dafür gibt es eigene Berufssportversicherungen.
Manche Versicherungen kennen auch persönliche Ausschlussgründe, z.B. für Personen mit einem schweren Nervenleiden (Epilepsie), geisteskranke Personen, schwer Sehbehinderte (ab 12 Dioptrien) oder ab einem bestimmten Alter (etwa ab 70 Jahren).

Was passiert, wenn ein neues Unfallrisiko dazu kommt?

Um beim eben genannten Beispiel zu bleiben. Bei einer unfallversicherten Person tritt Epilepsie auf. Für einen solchen Fall bestimmt § 27 Abs 2 VersVG, dass von der Erhöhung der Gefahr dem Versicherungsunternehmen unverzüglich Anzeige zu machen ist. Die Unfallgefahr der versicherten Person ist durch die Krankheit erhöht. Das Versicherungsunternehmen ist berechtigt, das Versicherungsverhältnis unter Einhaltung einer Kündigungsfrist von einem Monat zu kündigen. Das Kündigungsrecht erlischt, wenn es nicht innerhalb eines Monats von dem Zeitpunkt an ausgeübt wird, in dem der Versicherer von der Erhöhung der Gefahr Kenntnis erlangt hat, oder wenn der Zustand wiederhergestellt ist, der vor der Erhöhung bestanden hat (§ 27 Abs 1 VersVG). In der Praxis kann es auch vorkommen, dass die Versicherungsanstalt den Unfallversicherungsvertrag kulanzhalber nicht kündigt, dafür aber eine wesentlich höhere Prämie verlangt. Auch das wäre zulässig.

Was ist nach einem Unfall zu tun?

Nach einem Unfall ist das Versicherungsunternehmen unverzüglich, längstens binnen einer Woche, zu verständigen. Die Meldung sollte Folgendes beinhalten:

- Hergang des Unfalles unter möglichst genauer Angabe des Sachverhaltes.
- Ansprüche von allenfalls geschädigten anderen Personen.
- Mitteilung über die Einleitung eines gerichtlichen oder behördlichen Verfahrens.

Am besten ist es, man bedient sich zur Unfallmeldung eines vorgegebenen Schadensformulars.

Wer zahlt, wenn bei einem Freizeitunfall auch andere Personen verletzt werden?

Dabei handelt es sich um Haftpflichtfälle, für die die schuldige Person zahlen muss, es sei denn sie wäre entsprechend haftpflichtversichert durch Privathaftpflicht, Berufshaftpflicht oder Sporthaftpflicht. Die Privathaftpflichtversicherung, die meist in den Haushaltsversicherungen inkludiert ist, übernimmt Schäden, die die versicherte Person als Privatperson Dritten zugefügt hat. Sach- und/oder Personenschäden, also wenn man z.B. bei einem Fahrradunfall jemanden verletzt hat. Die Haftpflichtversicherung übernimmt in so einem Fall als erstes die Prüfung der Frage, ob überhaupt und in welcher Höhe eine Verpflichtung zum Schadenersatz besteht. Sodann leistet sie entweder den Ersatz berechtigter Ansprüche (Befreiungsfunktion) bzw. wehrt unberechtigte Ansprüche ab (Rechtsschutzfunktion). Kommt es darüber hinaus zu einem Rechtsstreit, so trägt die Haftpflichtversicherung auch diese Kosten. Die Leistungen sind aber mit der vereinbarten Versicherungssumme beschränkt.

Lebensversicherung

Der zentrale gesundheitsrechtliche Aspekt der Lebensversicherung ist die Abklärung des Gesundheitszustandes der zu versichernden Person vor dem Abschluss der Versicherung. Rechtlich geregelt sind damit im Zusammenhang die Erhebung, Speicherung und Weitergabe von Gesundheitsdaten.

Warum spielt die Gesundheit bei der Lebensversicherung eine Rolle?

Lebensversicherungen zahlen meist bei Erreichen eines bestimmten Alters oder bei Ableben eine bestimmte Summe Geld sofort oder in Form einer Rente aus. Bei der Lebensversicherung hängt die Prämienhöhe davon ab, wie lange die Versicherung mit Prämienzahlungen rechnen kann, bevor sie im Versicherungsfall auszahlen muss. Die Versicherungsunternehmen haben daher größtes Interesse, sich ein genaues Bild über den Gesundheitszustand der zu versichernden Person zu verschaffen. Dieses Interesse ist legitim und daher auch gesetzlich gedeckt. Die Versicherungsnehmerin oder der Versicherungsnehmer hat bei der Schließung des Vertrags alle bekannten Umstände, die für die Übernahme der Gefahr erheblich sind, dem Versicherungsunternehmen anzuzeigen. Erheblich sind die Gefahrumstände, die geeignet sind, auf den Entschluss des Versicherungsunternehmens, den Vertrag überhaupt oder zu dem vereinbarten Inhalt abzuschließen, einen Einfluss auszuüben. Ein Umstand, nach welchem ausdrücklich und schriftlich gefragt wird, gilt im Zweifel als erheblich (§ 16 Abs 1 VersVG). Erhebliche Umstände können auch subjektive Gegebenheiten sein, die die Entstehung von ersatzpflichtigen Schäden mehr oder weniger wahrscheinlich machen. Auch Tatsachen, die auf Umstände dieser Art hindeuten oder zu ihrer Feststellung führen könnten, sogenannte indizierende Umstände. Dazu gehören in der Lebensversicherung auch symptomatische Beschwerden.

Wonach darf gefragt werden?

Die Versicherungsantragsformulare enthalten detaillierte Fragespalten, häufig werden Fragen nach Krankheiten, Störungen oder Beschwerden in den letzten fünf Jahren gestellt. Diese Fragen müssen wahrheitsgemäß beantwortet werden. Die Fragenkataloge enthalten meist die Bereiche Herz und Kreislauf, Atmungs-, Verdauungs-, Harn- und Geschlechtsorgane, Gehirn, Rückenmark, Nerven, Sinnesorgane, Haut, Drüsen, Blut, Milz, Stoffwechselstörungen, Geschwülste, Rheumatismus, Wirbelsäule, Gelenke, Muskeln, Infektionskrankheiten, Allergien usw. Auch Gebrechen wie Wirbelsäulenverkrümmungen, Brüche, Störungen des Hör- bzw. Sehvermögens werden abgefragt. Ja sogar bloß diagnostische Maßnahmen wie bildgebende und nuklearmedizinische Untersuchungen und EKG bilden einen Bestandteil des Fragenkatalogs. Darüber hinaus wird auch gefragt, ob die Antragstellerin oder der Antragsteller in den letzten fünf Jahren ärztlich untersucht, beraten oder behandelt worden ist. Auch Detailfragen nach Art, Ausmaß, Verlauf und Folgen von Krankheiten sowie Krankenhausaufenthalte sind zulässig. Meist müssen auch Name und Anschrift der Ärztin oder des Arztes, die oder der über die Gesundheitsverhältnisse am besten unterrichtet ist, angegeben werden. Den Abschluss des Fragenkatalogs bildet meist die Frage, ob die Antragstellerin oder der Antragsteller sonstige Krankheiten, Gebrechen oder Beschwerden hat oder hatte, nach denen nicht ausdrücklich gefragt wurde. Hier kommt allerdings die Bestimmung des § 18 VersVG zum Tragen, wonach das Versicherungsunternehmen bei einem schriftlichen Fragenkatalog wegen unterbliebener Anzeige eines Umstandes, nach dem nicht ausdrücklich und genau umschrieben gefragt worden ist, nur im Falle arglistiger Verschweigung zurücktreten kann. Eine höhere Risikoeinschätzung durch das Versicherungsunternehmen kann aber zu Prämienzuschlägen, in Extremfällen auch zur Ablehnung eines Versicherungsantrages führen.

Manche Versicherungsformulare enthalten auch die Frage, ob man im Beruf oder in der Freizeit besonderen Gefahren ausgesetzt ist wie der Umgang mit explosiven oder gesundheitsschädlichen Stoffen, Aufenthalt in Gefahrengebieten, berufliche oder ehrenamtliche Tätigkeit bei Einsatzkräften. Es kann auch danach gefragt werden, ob man eine gefährliche Risikosportart, wie Tauchen tiefer als 25 Meter, Drachenfliegen, Fallschirmspringen, Bergsteigen, Bungee-Jumping, Rafting, Reiten, Motorsport, Kampfsport oder Schwerathletik betreibt. Dies ist meist mit Gefahrenzuschlägen zur Versicherungsprämie verbunden, wobei die „Zuschläge“ 50 bis 200 Prozent der Prämie betragen können. Bisweilen ist auch jede gewerbliche und/oder vereinsmäßig ausgeübte Sportart anzugeben.

Was kann passieren, wenn ich auf ein Symptom oder eine Erkrankung vergesse?

Auch bei der Lebensversicherung ist das Versicherungsunternehmen wegen Verletzung der vorvertraglichen Informationspflicht zum Rücktritt vom Versicherungsvertrag berechtigt. Ein solcher Rücktritt ist aber gemäß § 16 Abs 3 VersVG ausgeschlossen, wenn diese Anzeige ohne Verschulden der Versicherungsnehmerin oder des Versicherungsnehmers unterblieben ist. Das ist dann der Fall, wenn diese Person berechtigt war, einen an sich erheblichen Umstand für unerheblich zu halten. Sie begibt sich wegen eines Magengeschwürs in Krankenhausbehandlung und klagt dort auch über Kopfschmerzen, worauf sie durchuntersucht wird. Sie kann berechtigter Weise der Meinung sein, dass die Kontrolluntersuchung im Zusammenhang mit dem Magengeschwür steht, obwohl sich dabei ein Kopftumorverdacht ergibt. Anders liegt der Fall, wenn ihr nach der Untersuchung gesagt würde, sie habe etwas im Kopf. (Fall nach OGH 29.10.1992, 7Ob21/92) Diese Information müsste sie an die Versicherung weitergeben, denn damit wäre auch für medizinische Laien erkenntlich, dass die Beschwerden bereits einen eigenen selbstständigen Krankheitswert haben. In der Lebensversicherung sind nämlich Beschwerden oder Schmerzen grundsätzlich auch dann anzuzeigen, wenn noch keine bestimmte Krankheit diagnostiziert wurde. Für eine schuldhafte Verletzung der vorvertraglichen Anzeigepflicht genügt leichte Fahrlässigkeit.

Ein Rücktritt durch das Versicherungsunternehmen ist aber gemäß § 16 Abs 3 VersVG ausgeschlossen, wenn das Versicherungsunternehmen den nicht angezeigten Umstand selbst kannte, z.B. von einer anderen Versicherung derselben Person, oder wenn die Unrichtigkeit der vorgelegten Information bekannt war (§ 17 Abs 2 VersVG).
In anderen Fällen, in denen ebenfalls ein Rücktritt seitens der Versicherung nicht zulässig ist, kann es aber zu einer Prämienerhöhung kommen. Das ist in § 41 VersVG festgelegt. Wenn bei einer Anzeigepflichtverletzung das Rücktrittsrecht des Versicherers ausgeschlossen ist, weil dem anderen Teil kein Verschulden zur Last fällt, so kann der Versicherer innerhalb eines Monats vom Beginn der laufenden Versicherungsperiode an eine höhere Prämie verlangen, falls sie mit Rücksicht auf die höhere Gefahr angemessen ist. Das gleiche gilt, wenn beim Abschluss des Vertrages ein für die Übernahme der Gefahr erheblicher Umstand dem Versicherer nicht angezeigt worden ist, weil er dem anderen Teil nicht bekannt war.

Gelten Krampfadern als Krankheit?

Mit dieser Frage hat sich der OGH (20.2.1986, 7Ob3/86) ausführlich beschäftigt. In seinem Urteil steht: „Sogenannte Varizen (Krampfadern) sind ein zumeist vererbtes Leiden, das häufiger bei Frauen mit Schwerpunkt um das 30. Lebensjahr auftritt. Besonders anfällig sind Personen mit stehenden Berufen. Die Behandlung des Leidens erfolgt medikamentös. Insbesondere wenn ein stehender Beruf ausgeübt wird, kann ein operativer Eingriff notwendig sein. Dieser muß zu einem relativ frühen Zeitpunkt erfolgen um den später möglichen Krankheitsfolgen vorzubeugen. Der Verlauf eines Varizenleidens ist von Fall zu Fall sehr unterschiedlich. Es kann bei Anstrengungen im Stehen zum plötzlichen Auftreten von Krampfadern kommen und auch zu einer Verschlechterung des Zustandes. Innerhalb eines Zeitraumes von eineinhalb Jahren kann eine rapide Verschlechterung eintreten. Es kommt aber auch vor, daß sich eine einzige Varize bildet, die ohne Verschlechterung ein Leben lang bestehen bleibt. Das Leiden der Klägerin hatte vom ärztlichen Standpunkt aus in jedem Stadium Krankheitswert."

Während das Erstgericht in dem vom OGH zu beurteilenden Fall dem Begehren der Klägerin auf Gewährung des Versicherungsschutzes aus der Krankenzusatzversicherung für die beabsichtigte Krampfadernoperation stattgab, wies das Berufungsgericht die Klage ab. Es vertrat hiebei die Rechtsansicht, die Klägerin wäre verpflichtet gewesen, ihr Krampfadernleiden bei Beantwortung der Gesundheitsfragen anzuführen, weil es keinem Zweifel unterliegen konnte, dass auch solche Erkrankungen anzugeben waren, die für unwesentlich gehalten wurden. Bei Krampfadern handle es sich um eine Krankheit, die im konkreten Fall der Klägerin auch Schmerzen bereitet und die zu einer jahrelangen ärztlichen Behandlung geführt habe. Im Hinblick auf diese Umstände sei der Klägerin der Beweis ihres fehlenden Verschuldens nicht gelungen. Bei gehöriger Sorgfalt hätte sie nämlich erkennen müssen, dass für die Beklagte ein Interesse an der Kenntnis des vorhandenen Leidens bestehe. Der OGH bestätigte die Entscheidung der Berufungsinstanz mit folgender Begründung: Da grundsätzlich nach Krankheiten gefragt wurde und das Leiden der Klägerin nicht nur Krankheitswert besaß, sondern nach wie vor akut bestand, hat die Klägerin durch die Verschweigung dieses Leidens objektiv ihre Anzeigepflicht verletzt.

Dürfen meine Gesundheitsdaten gespeichert werden?

Gemäß § 11a VersVG dürfen personenbezogene Gesundheitsdaten im Zusammenhang mit Versicherungsverhältnissen, bei denen der Gesundheitszustand der versicherten oder geschädigten Person erheblich ist, verwendet werden.

Die Verwendung dieser Daten ist allerdings auf folgende Umstände beschränkt:

- Die Beurteilung, ob und zu welchen Bedingungen ein Versicherungsvertrag abgeschlossen oder geändert wird.
- Die Verwaltung bestehender Versicherungsverträge.
- Die Beurteilung und Erfüllung von Ansprüchen aus einem Versicherungsvertrag.

Auch betreffend die Ermittlung der Gesundheitsdaten bestehen Einschränkungen. Versicherungsunternehmen dürfen personenbezogene Gesundheitsdaten für die oben genannten Zwecke nur auf folgende Art ermitteln:

- Durch Befragung der Person, die versichert werden soll oder bereits versichert ist, beziehungsweise durch Befragung der geschädigten Person.
- Anhand der beigebrachten Unterlagen.
- Durch Auskünfte von Dritten bei Vorliegen einer für den Einzelfall erteilten ausdrücklichen Zustimmung der betroffenen Person.
- Zur Beurteilung und Erfüllung von Ansprüchen aus einem konkreten Versicherungsfall durch Auskünfte von untersuchenden oder behandelnden Ärztinnen und Ärzten, Krankenanstalten oder sonstigen Einrichtungen der Krankenversorgung oder Gesundheitsvorsorge über Diagnose sowie Art und Dauer der Behandlung, sofern die betroffene Person dem ausdrücklich schriftlich zugestimmt und dies im Einzelfall nicht untersagt hat.
- Durch Heranziehung sonstiger, dem Versicherungsunternehmen rechtmäßigerweise bekanntgewordener Daten, wobei diese der betroffenen Person, der gemäß § 28 Datenschutzgesetz (DSG) ein Widerspruchsrecht zusteht, mitzuteilen sind.

Ein gesetzliches Ermittlungsverbot gibt es für genanalytische Daten. Die Untersuchung der Körperzelle als Träger vielfältiger Informationen über einen Menschen erlaubt in vielen Fällen schon nach dem heutigen Wissensstand der sich sehr dynamisch entwickelnden Gentechnologie Aussagen über Erkrankungen, die sich möglicherweise auch erst in Zukunft manifestieren können. Gerade für Lebensversicherungsunternehmen wäre das also ein äußerst interessantes Datenmaterial. Das Verbot der Ermittlung genanalytischer Daten gemäß § 67 GTG gilt allerdings uneingeschränkt auch im Zusammenhang mit Versicherungsverhältnissen. Versicherern einschließlich deren Beauftragten, Mitarbeiterinnen und Mitarbeitern ist es nämlich verboten, Ergebnisse von genetischen Analysen von ihren Versicherungsnehmerinnen und Versicherungsnehmern sowie Versicherungswerberinnen und Versicherungswerbern zu erheben, zu verlangen, anzunehmen oder sonst zu verwerten. Von diesem Verbot sind auch das Verlangen nach Abgabe und die Annahme von Körpersubstanz für genanalytische Zwecke umfasst. Das Schutzziel dieser Bestimmung ist die genetische Privatsphäre und der Schutz vor Nachteilen, die der einzelnen Person durch eine missbräuchlich empfundene Verwendung genanalytischer Daten im Versicherungsbereich entstehen könnten. Zur Absicherung des Regelungszweckes sieht § 109 Abs 1 GTG Geldstrafe bis zu 36.300 Euro vor.

Personenbezogene Gesundheitsdaten sind umgehend zu löschen, sobald sie nicht mehr für einen rechtlich zulässigen Zweck aufbewahrt werden; dies gilt insbesondere im Zusammenhang mit Gesundheitsdaten, die in Vorbereitung eines nicht zustande gekommenen Versicherungsvertrags erhoben wurden (§ 11a Abs 5 VersVG).

Dürfen meine Gesundheitsdaten weitergegeben werden?

Ja, auch ohne eine ausdrückliche Zustimmung der betroffenen Person dürfen Versicherungsunternehmen Gesundheitsdaten an folgende Empfänger übermitteln:

- Untersuchende oder behandelnde Ärztinnen und Ärzte, Krankenanstalten oder sonstige Einrichtungen der Krankenversorgung oder Gesundheitsvorsorge.
- Sozialversicherungsträger, Rückversicherer oder Mitversicherer.
- Andere Versicherer, die bei Abwicklung von Ansprüchen aus einem Versicherungsfall mitwirken.
- Vom Versicherer herangezogene befugte Sachverständige oder gewillkürte oder gesetzliche Vertreter/innen der betroffenen Person.
- Gerichte, Verwaltungsbehörden, Schlichtungsstellen und sonstige Einrichtungen der Streitbeilegung und ihre Organe, einschließlich der von ihnen bestellten Sachverständigen.

Werden darüber hinaus Daten weitergegeben kann § 108a des Versicherungsaufsichtsgesetzes verletzt sein. Nach dieser Bestimmung können sich sowohl Organe und Dienstnehmer/innen eines Versicherungsunternehmens als auch selbstständige Versicherungsvertreter/innen strafbar machen, wenn sie Daten weitergeben oder verwerten, die ihnen ausschließlich aufgrund ihrer beruflichen Tätigkeit bekannt geworden sind und deren Geheimhaltung im berechtigten Interesse der davon betroffenen Personen gelegen ist. Eine solche Tat könnte von der Finanzmarktaufsichtsbehörde mit einer Geldstrafe bis zu 30.000 Euro bestraft werden.

Reiseversicherungen

Von der Frage, ob Medikamente als Reisegepäck versichert sind, bis zur Thematik der „Reiseunfähigkeit“ bei Stornoversicherungen reicht der Bogen gesundheitsrechtlicher Fragen im Zusammenhang mit Reiseversicherungen.

Welche Reiseversicherungen gibt es und was ist bei diesen zu beachten?

Als Reiseversicherungen werden die Reisekrankenversicherung, die Reiseunfallversicherung, die Reisegepäckversicherung und die Reiserücktrittskostenversicherung (= Reisestornoversicherung) bezeichnet.

Die Kranken- und Unfallversicherungen richten sich nach den oben genannten Bestimmungen.

Die Reisekrankenversicherung schützt vor den finanziellen Folgen einer akuten Erkrankung oder eines Unfalls, die durch die gesetzliche Sozialversicherung nicht gedeckt sind. Wenn eine Reise ins Ausland ausschließlich oder teilweise mit dem Ziel ärztlicher oder kosmetischer Behandlungen angetreten wird, besteht kein Versicherungsschutz. Es gibt Versicherungsausschlüsse für Heilbehandlungen, die bereits vor Antritt der Auslandsreise begonnen haben, sowie für die Heilbehandlung von chronischen Krankheiten auf der Reise, außer es handelt sich um akute Anfälle oder Schübe. Auch Zahnbehandlungen, die nicht der Erstversorgung zur unmittelbaren Schmerzbekämpfung dienen, können ausgeschlossen sein. Weiters ist zu beachten: Bei Kreditkartenreiseversicherungen ist der Versicherungsschutz bisweilen beschränkt. Bei manchen Karten sind Unfälle im Umkreis von 20 Kilometern des Wohnortes ausgenommen, weil solche Ausflüge nicht als „Reise“ gewertet werden.

Sind meine Medikamente als Reisegepäck versichert?

Die Reisegepäckversicherung dient zur Abdeckung der Kosten nach – nicht vorsätzlich oder grob fahrlässig verursachtem – Abhandenkommen, Zerstörung oder Beschädigung der versicherten Gegenstände. Zu diesen zählt der persönliche Reisebedarf, Reisegepäck, technische Geräte, Sportgeräte und Schmuck. Die persönlichen Medikamente und eine allgemeine Reiseapotheke zählen ebenfalls dazu. Wer allerdings auf Nummer Sicher geht und gleich einen ganzen ärztlichen Notfallkoffer mit auf Reisen nimmt, wird sich schwer tun, mit „persönlichem Reisebedarf" zu argumentieren. Auch Brillen, Krücken und Rollstühle sind versichert.
Bisweilen finden sich Versicherungsausschlüsse, beispielsweise für Kontaktlinsen und Prothesen. Hier ist eine Spezialversicherung bzw. ein Zusatz zur Polizze notwendig.

Wozu dient die Reisestornoversicherung?

Versichert ist in der Regel das Risiko des Reiserücktritts, wegen plötzlich auftretender Erkrankung und des Reiseabbruchs – eine vorzeitige Heimreise z.B. wegen des Todes oder einer schweren Erkrankung einer oder eines Angehörigen. Die Versicherung übernimmt im Falle einer Reisestornierung die dem Reiseunternehmen geschuldeten Kosten – dies aber nur dann, wenn der Hindernisgrund nach der Buchung eingetreten ist und nicht vorhersehbar war. Auch bei einer Selbstbeteiligungspolizze ist der finanzielle Aufwand, den die versicherte Person zu tragen hat – Prämie und Selbstbehalt –, in der Regel erheblich geringer als die vom Reisebüro verlangte Stornogebühr.

Welche Krankheiten sind für die Reisestornoversicherung relevant?

Ein Versicherungsfall liegt nur dann vor, wenn eine Reise aus Gründen nicht angetreten werden kann oder abgebrochen werden muss, die in den Versicherungsbedingungen genannt sind.

Solche Gründe sind:

- Schwere Unfälle.
- Unerwartete schwere Erkrankungen.
- Impfunverträglichkeit, passive Impfunverträglichkeit, Impfreaktionen.
- Schwangerschaft.

Da für den Versicherungsschutz schwere Erkrankungen „unerwartet" eintreten müssen, ist nicht jede Operation als Stornofall gedeckt. Bei einem bewussten (geplanten) Eingriff, der medizinisch zu diesem Zeitpunkt nicht notwendig ist, liegt somit kein Versicherungsfall vor. Als unerwartete schwere Erkrankung gilt z.B. auch eine Depression. Hier wird allerdings unbedingt ein psychiatrisches Attest zu bringen sein, damit eine Abgrenzung von einer nicht krankheitswertigen Lebenskonfliktsituation vorgenommen werden kann. Nicht versichert ist beispielsweise Flugangst.

Wogegen schützt die Reisestornoversicherung?

Versichert ist man gegen „Reiseunfähigkeit". Dabei kommt es auf den konkreten Reisezweck an. Eine versicherte Person wollte am New York City Marathon-Lauf teilnehmen. Zwölf Tage vor dem Abflug brach am Gesäß ein schmerzhaftes Abszess auf, das eine längere Behandlung notwendig machte. Schweren Herzens stornierte sie die Reise. Das Versicherungsunternehmen weigerte sich anfangs, die Stornokosten zu übernehmen, weil man ja trotz eines Abszesses eine Reise antreten kann. Da aber im vorliegenden Fall der Reisezweck gerade und vor allem das Mitlaufen am Marathon war und ein ärztliches Bewegungsverbot vorlag, waren die Voraussetzungen für einen berechtigten Reiserücktritt gegeben, sodass das Versicherungsunternehmen auch die Reiserücktrittskosten übernehmen musste.

Muss ich im Schadensfall gesundheitliche Fragen beantworten?

Die versicherten Personen sind durch die Versicherungsbedingungen verpflichtet, auch gesundheitliche Fragen zu beantworten. Auf Schadenmeldungsformularen finden sich solche oder ähnliche Fragen:

- Warum wurde die Reise storniert? Krankheit, Unfall, Tod, Impfunverträglichkeit?
- Wann ist das Ereignis eingetreten, das zur Stornierung führte?
- Spitalsaufenthalt? Ja/Nein
- Krankmeldung bei Krankenkasse? Ja/Nein

Kann mir das Versicherungsunternehmen vorschreiben, von welcher Ärztin oder welchem Arzt ich mich untersuchen lassen muss?

Die Versicherungsbedingungen der Versicherungsunternehmen verpflichten die Versicherungsnehmerinnen und Versicherungsnehmer bei der Reiserücktrittskostenversicherung, eine Untersuchung durch eine Versicherungsvertrauensärztin oder einen Versicherungsvertrauensarzt vornehmen zu lassen. Die versicherten Personen werden überdies durch die Versicherungsbedingungen verpflichtet, in eine Entbindung von der ärztlichen Schweigepflicht einzuwilligen und ausdrücklich zuzustimmen, dass ihre Daten dem Versicherungsunternehmen übermittelt werden dürfen.

Schadenmeldungsformulare enthalten daher eine Rubrik für eine ärztliche Bescheinung, in der solche oder ähnliche Fragen zu beantworten sind:

- Um welche Krankheit handelt es sich? Bitte genaue Diagnose!
- Wann erkrankte die Patientin / der Patient an dieser Krankheit?
- Wann wurde die Diagnose gestellt?
- Wann erfolgte die erste Behandlung dieser Krankheit?

- Handelt es sich um eine Krankheit, die seit längerer Zeit besteht?
- Wenn ja, seit wann?
- Bestanden zur Zeit der Reisebuchung Bedenken, ob die Patientin / der Patient die geplante Reise ohne gesundheitliches Risiko durchführen kann?
- Ab welchem Zeitpunkt war nach allgemeiner Lebenserfahrung zu erwarten, dass die gebuchte Reise gesundheitlich nicht möglich oder nicht mehr zumutbar sein würde?
- War die Patientin / der Patient in den letzten zwölf Monaten in stationärer Behandlung?
- Wenn ja, welches Krankenhaus?
- Aktuelle Therapie.

Welche Konsequenzen hat die falsche Beantwortung der Fragen?

Eine vorsätzliche Falschbeantwortung der Fragen könnte den Tatbestand des Betruges gemäß § 146 ff StGB darstellen. Ein falsches ärztliche Attest könnte als Beihilfe zum Betrug aufgefasst werden.

Behörden

- Ämter und Behörden
- Gesundheitsämter
- Amtsärztinnen und Amtsärzte
- Epidemiegesetz
- Anzeigepflichtige Krankheiten
- Geschlechtskrankheiten
- Finanzamt und Gesundheit
- Steuerliche Absetzbarkeit von Krankheitskosten
- Diätbedingte Mehrkosten
- Heilbehandlungen im Ausland

Gesundheitsämter

Vor dem Schild „Gesundheitsamt“ steht so mancher Mensch ratlos da. Was tut man dort? Wird da die Gesundheit verwaltet? In welchen Lebenssituationen kann ich mit diesem Amt zu tun haben?

Was ist der Unterschied zwischen „Amt“ und „Behörde“?

Ämter sind rechtlich geregelte Einrichtungen zur Durchführung öffentlicher Aufgaben. Behörden sind besondere Ämter. Sie haben „imperium“, eine Befehls- und Zwangsgewalt, d.h. Kompetenzen zur Rechtssetzung und Rechtsdurchsetzung. Das bedeutet, sie können verbindliche Rechtsnormen erlassen, wie Sperrgebiete verordnen, wenn eine anzeigepflichtige Tierseuche festgestellt wurde, oder Zwangsakte setzen; beispielsweise eine an einer übertragbaren Geschlechtskrankheit erkrankte Person zu einer amtsärztlichen Untersuchung vorladen. Man unterscheidet innerhalb der Behörden Gerichte und Verwaltungsbehörden. Alle Gerichte sind Bundesbehörden – auch die „Landes“gerichte. Bei den Verwaltungsbehörden werden Bundes-, Landes- und Gemeindebehörden unterschieden.

Wofür ist ein Gesundheitsamt zuständig?

Die Gesundheitsämter (in Wien: Bezirksgesundheitsämter) sind Teile der allgemeinen staatlichen Verwaltung und in die Bezirksverwaltungsbehörden – Bezirkshauptmannschaften bzw. Magistrate der Städte mit eigenem Statut – eingegliedert. Sie setzen Maßnahmen der Infektionsabwehr, Gesundheitsvorsorge und -förderung (Impfungen), übernehmen medizinische Sachverständigentätigkeit in Behördenverfahren und nehmen sich der Lebensmittelaufsicht und Überwachung von Lebensmitteln tierischer Herkunft, einschließlich der Kontrolle der Hygiene in lebensmittel- und fleischverarbeitenden Betrieben, an.

Ihr Aufgabenbereich umfasst weiters die Dokumentation und die sich aus den Sanitätsgesetzen ergebende Aufsichtspflicht über Gesundheitsberufe wie Ärztinnen und Ärzte, Apothekerinnen und Apotheker, Hebammen und Einrichtungen des Gesundheitswesens wie Krankenanstalten, Apotheken, Plasmapheresestellen.
Gesundheitsämter führen also zum Teil allgemeine öffentliche Aufgaben durch, zum Teil haben sie aber auch besondere behördliche Funktion.

Wann kann ich sonst noch mit dem Gesundheitsamt zu tun haben?

Bestimmte Erkrankungen wie Paratyphus, Pocken, übertragbare Kinderlähmung, bakteriologische Lebensmittelvergiftung u.a.m. lösen eine Anzeigepflicht an die Bezirksverwaltungsbehörde aus (§ 1 EpidemieG). Örtlich zuständig ist die Bezirksverwaltungsbehörde, in deren Gebiet sich die erkrankte Person aufhält. Zur Anzeige verpflichtet sind primär Ärztinnen und Ärzte, Krankenanstalten, medizinische Labors und Medizinalberufe, aber auch „der Haushaltsvorstand“ (die Stammfassung des Epidemiegesetzes wurde im Jahr 1950 geschaffen), Schul- und Kindergartenleitungen, Wohnungsinhaber/innen, Gastgewerbetreibende und Hausbesitzer/innen (§ 3 Abs 1 EpidemieG).
Kranke, Krankheitsverdächtige und Ansteckungsverdächtige sind verpflichtet, den zuständigen Behörden die erforderlichen Auskünfte zu erteilen und sich den notwendigen ärztlichen Untersuchungen sowie der Entnahme von Untersuchungsmaterial zu unterziehen (§ 5 Abs 1 EpidemieG).
Gemäß § 17 Abs 1 EpidemieG können Personen, die als Träger von Krankheitskeimen einer anzeigepflichtigen Krankheit anzusehen sind, einer besonderen sanitätspolizeilichen Beobachtung oder Überwachung, nach näherer Anordnung der Bezirksverwaltungsbehörde (Gesundheitsamt) unterworfen werden wie besondere Meldepflicht, periodische ärztliche Untersuchung usw.. Bezieht sich der Ansteckungsverdacht auf die Übertragung des Flecktyphus, der Blattern, der Asiatischen

Cholera oder der Pest, so ist die sanitätspolizeiliche Beobachtung und Überwachung der ansteckungsverdächtigen Person jedenfalls durchzuführen (§ 17 Abs 2 EpidemieG).

Anzeigepflichtige Krankheiten nach § 1 Abs 1 EpidemieG

- Bang'sche Krankheit (Erkrankungs- und Todesfälle).
- Bissverletzungen durch wutkranke oder -verdächtige Tiere (Verdachts-, Erkrankungs- und Todesfälle).
- Cholera (Verdachts-, Erkrankungs- und Todesfälle).
- Diphtherie (Erkrankungs- und Todesfälle).
- Encephalopathien, subakute spongiforme (Todesfälle).
- Erkrankungen, invasive bakterielle (Meningitiden und Sepsis) (Erkrankungs- und Todesfälle).
- Fieber, virusbedingtes hämorrhagisches (Verdachts-, Erkrankungs- und Todesfälle)
- Gelbfieber (Verdachts-, Erkrankungs- und Todesfälle).
- Hepatitis, infektiöse (Hepatitis A, B, C, D, E, G) (Verdachts-, Erkrankungs- und Todesfälle).
- Influenzavirusinfektion (Verdachts-, Erkrankungs- und Todesfälle).
- Keuchhusten (Erkrankungs- und Todesfälle).
- Kinderlähmung (Verdachts-, Erkrankungs- und Todesfälle).
- Lebensmittelvergiftung, bakterielle (Verdachts-, Erkrankungs- und Todesfälle).
- Lebensmittelvergiftung, virale (Verdachts-, Erkrankungs- und Todesfälle).
- Legionärskrankheit (Erkrankungs- und Todesfälle).
- Lepra (Verdachts-, Erkrankungs- und Todesfälle).
- Leptospiren-Erkrankungen (Verdachts-, Erkrankungs- und Todesfälle).
- Malaria (Erkrankungs- und Todesfälle).
- Masern (Verdachts-, Erkrankungs- und Todesfälle).
- Meningoencephalitiden, virusbedingte (Erkrankungs- und Todesfälle).
- Milzbrand (Verdachts-, Erkrankungs- und Todesfälle).
- Paratyphus (Verdachts-, Erkrankungs- und Todesfälle).

- Pest (Verdachts-, Erkrankungs- und Todesfälle).
- Pocken (Verdachts-, Erkrankungs- und Todesfälle).
- Psittakose (Verdachts-, Erkrankungs- und Todesfälle).
- Puerpalfieber (Verdachts-, Erkrankungs- und Todesfälle).
- Rickettsiose durch R. prowazekii (Verdachts-, Erkrankungs- und Todesfälle).
- Röteln (Erkrankungs- und Todesfälle).
- Rotz (Verdachts-, Erkrankungs- und Todesfälle).
- Rückfallfieber (Erkrankungs- und Todesfälle).
- Ruhr, übertragbare (Amöbenruhr) (Verdachts-, Erkrankungs- und Todesfälle).
- SARS (Schweres Akutes respiratorisches Syndrom) (Verdachts-, Erkrankungs- und Todesfälle).
- Scharlach (Erkrankungs- und Todesfälle).
- Trachom (Erkrankungs- und Todesfälle).
- Trichinose (Erkrankungs- und Todesfälle).
- Tuberkulose (Erkrankungs- und Todesfälle).
- Tularämie (Verdachts-, Erkrankungs- und Todesfälle).
- Typhus (Abdominaltyphus) (Verdachts-, Erkrankungs- und Todesfälle).
- Vogelgrippevirusinfektion (insbesondere A/H5N1-Infektion) (Verdachts-, Erkrankungs- und Todesfälle).
- Wutkrankheit (Lyssa) (Verdachts-, Erkrankungs- und Todesfälle).

Anmerkung

Gemäß § 1 Abs 2 EpidemieG kann das Gesundheitsministerium, wenn dies aus epidemiologischen Gründen gerechtfertigt oder auf Grund internationaler Verpflichtungen erforderlich ist, durch Verordnung weitere übertragbare Krankheiten der Meldepflicht unterwerfen oder bestehende Meldepflichten erweitern.

Auch bei einer Geschlechtskrankheit kann man mit dem Gesundheitsamt zu tun haben. Übertragbare Geschlechtskrankheiten sind gemäß der Legaldefinition des § 1 GeschlechtskrankheitenG folgende Krankheiten: Tripper, Syphilis, Weicher Schanker, Lymphogranuloma inguinale, ohne Rücksicht auf den Sitz der Krankheitserscheinungen. Jede/r Geschlechtskranke ist verpflichtet, sich während der Dauer der Übertragbarkeit der Krankheit einer Behandlung durch eine/n in Österreich zur Berufsausübung berechtigte/n Ärztin oder Arzt zu unterziehen. Bei Pflegebefohlenen hat jene Person für die ärztliche Behandlung der oder des Kranken zu sorgen, welche die Aufsicht über die Pflegebefohlenen führt. Auf Verlangen der Sanitätsbehörde ist ein Nachweis der ärztlichen Behandlung zu erbringen (§ 2 GeschlechtskrankheitenG). Auch die Untersuchung Krankheitsverdächtiger ist geregelt in § 3 GeschlechtskrankheitenG. Personen, von denen mit Grund angenommen werden kann, dass sie geschlechtskrank sind und nicht in ärztlicher Behandlung stehen, können von der Sanitätsbehörde verhalten werden, ein ärztliches Zeugnis zu bringen und sich erforderlichenfalls einer Untersuchung zu unterziehen.

Erkrankte Personen können gemäß § 5 GeschlechtskrankheitenG von der Amtsärztin oder dem Amtsarzt zum Gesundheitsamt vorgeladen werden. Nach der ärztlichen Untersuchung wird entschieden, ob die kranke Person in hausärztlicher Behandlung verbleiben kann, in ambulatorische Behandlung eines Krankenhauses einzuweisen oder in einem Krankenhaus – Abteilung für die Behandlung von Geschlechtskrankheiten – stationär aufzunehmen ist. Nach Abschluss der Behandlung kann die Sanitätsbehörde die gesundheitliche Überwachung der aus der Behandlung entlassenen Person anordnen. Diese ist dann verpflichtet, der amtsärztlich angeordneten Überwachung gewissenhaft zu entsprechen.

Was ist das Besondere an Amtsärztinnen und Amtsärzten?

Amtsärztinnen und Amtsärzte sind die bei den Sanitätsbehörden, also z.B. im Gesundheitsamt, hauptberuflich tätigen Ärztinnen und Ärzte, die behördliche Aufgaben zu vollziehen haben (§ 41 Abs 1 ÄrzteG). Sie sind hinsichtlich ihrer amtsärztlichen Tätigkeiten von den Bestimmungen des Ärztegesetzes ausgenommen (§ 41 Abs 4 ÄrzteG). Das bedeutet z.B., dass sie nicht der ärztlichen Verschwiegenheitspflicht (§ 54 ÄrzteG) unterliegen. Die Einhaltung dieser Verschwiegenheitspflicht würde die Erfüllung vieler Dienstpflichten unmöglich machen. Nur die allgemeine Amtsverschwiegenheit gemäß Art 20 Abs 3 B-VG bzw. ihre dienstrechtliche Verschwiegenheitspflicht müssen eingehalten werden. Für Amtsärztinnen und Amtsärzte gilt auch die Sonderfachbeschränkung (siehe Seite 99f) nicht.

Finanzamt und Gesundheit

Das Finanzamt ist offensichtlich keine Gesundheitsbehörde. Jede steuerpflichtige Person tut aber gut daran, bei der Steuererklärung an Krankheiten zu denken. Krankheitsbedingte Ausgaben werden nämlich als sogenannte außergewöhnliche Belastungen bei der Einkommensermittlung abgezogen. Die Frage ist nur welche Ausgaben zählen da dazu?

Wann sind Krankheitskosten steuerlich absetzbar?

Durch krankheitsbedingte Ausgaben kann Steuer gespart werden. Gemäß § 34 Abs 1 Einkommensteuergesetz (EStG) sind bei der Ermittlung des Einkommens einer oder eines unbeschränkt Steuerpflichtigen außergewöhnliche Belastungen abzuziehen. Die Belastung muss außergewöhnlich sein; wenn sie höher ist als jene der Mehrzahl der Steuerpflichtigen gleicher Einkommens- und Vermögensverhältnisse, zwangsläufig erwachsen d.h. wenn sich die steuerpflichtige Person der Belastung aus tatsächlichen, rechtlichen oder sittlichen Gründen nicht entziehen kann und die wirtschaftliche Leistungsfähigkeit wesentlich beeinträchtigen, wenn sie einen einkommensabhängigen Selbstbehalt – zwischen sechs und 12 Prozent– übersteigt. Da die außergewöhnlichen Belastungen von den erzielten Einkünften abgezogen werden dürfen, vermindert sich die Steuerbemessungsgrundlage. Auf Grund des in § 33 Abs 1 EStG geregelten höchsten Grenzsteuersatzes von 50 Prozent kann sich somit die Einkommensteuer um bis zu 50 Prozent der tatsächlichen Kosten vermindern.
Kostenersätze aus der gesetzlichen Krankenversicherung (z.B. Wahlarztkosten) und aus einer privaten Krankenversicherung sind von den angefallenen Aufwendungen abzuziehen.

Was sind außergewöhnliche Belastungen im Zusammenhang mit der Gesundheit?

Zu denken ist in diesem Zusammenhang an Arztrechnungen, Arzneimittelkosten wie Rezeptgebühren, Selbstbehalte für Heilbehelfe wie Brillen, Kontaktlinsen, Hörapparate, Mieder,

Schienen, Bruchbänder, Gehbehelfe usw., auch ärztlich verordnete Kuraufenthalte (VwGH 28.10.2004, 2001/15/0164; 22.12.2004, 2001/15/0116), Spitals- und Therapiekosten, Fahrtkosten für Fahrten zu ärztlichen Behandlungen und Kontrollen sowie Krankenhausbesuchskosten (VwGH 13.5.1986, 85/14/0181), ja sogar Kosten, die einer im Spital untergebrachten Begleitperson, anlässlich des Krankenhausaufenthaltes ihres Kindes entstehen. Auch Zahnbehandlungskosten wie Gebisssanierung, Zahnregulierung, Zahnersatz usw. sind natürlich Krankheitskosten und daher abzugsfähig.
So wären etwa auch Behandlungskosten zur Bekämpfung von Allergien anerkennenswerte außergewöhnliche Belastungen. Die über den medizinischen Bereich hinaus gehenden mit der Allergieerkrankung in Zusammenhang stehenden Ausgaben wie Kosten durch den Umbau der Wohnung, das Austauschen von Teppichen usw. würden aber nicht dazu zählen.
Zu den gesetzlichen Grundlagen hat sich eine umfangreiche Verwaltungspraxis gebildet, in der sehr detailliert vorgegangen wird. Dazu einige Beispiele: So gelten etwa Haarbehandlungen als nicht abzugsfähig. Davon wird bei Kindern eine Ausnahme gemacht, weil hier die Haarbehandlung schwere psychische Störungen vermeiden kann. Ausgaben für kosmetische Operationen werden nur dann anerkannt, wenn ihre medizinische Erforderlichkeit nachgewiesen wird wie die Wiederherstellung nach Verletzungen oder bei Verunstaltungen und der Gefahr psychischer Erkrankung. Abzugsfähig wären auch die Kosten einer künstlichen Befruchtung – medizinisch unterstützten Fortpflanzung – im Falle einer nicht freiwillig herbeigeführten Fortpflanzungsunfähigkeit (VwGH 3.11.2005, 2002/15/0124). Gesundheitsratgeber, inklusive medizinischer Fachliteratur, werden nicht als außergewöhnliche Belastung anerkannt – auch dann nicht, wenn sie dazu dienen, die Entscheidung für eine bestimmte Therapie oder für die Behandlung durch bestimmte Ärztinnen oder Ärzte zu treffen.

Aufwendungen, die durch eine Krankheit verursacht werden, sind auch dann außergewöhnliche Belastungen, wenn die

Krankheit aus eigener Schuld (z.B. Alkoholismus) verursacht wurde.

Kann ich diätbedingte Mehrkosten geltend machen?

Diätbedingte Mehrkosten sind außergewöhnliche Belastungen, wenn die Diätnotwendigkeit die Folge einer Erkrankung ist. Aufwendungen für diätetische Lebensmittel im Rahmen einer nicht krankheitsbedingten Schlankheitskur können jedoch nicht geltend gemacht werden. Es gibt nämlich ein strenges Abzugsverbot in § 20 Abs 1 EStG, wonach die für den Haushalt aufgewendeten Beträge (Z 1) und Aufwendungen oder Ausgaben für die Lebensführung (Z 2) nicht abgezogen werden dürfen.

Eine Verordnung des Finanzministeriums über außergewöhnliche Belastungen (erlassen auf Grund der §§ 34 und 35 EStG) regelt aber in § 2 detailliert die Krankendiätverpflegung: Als Mehraufwendungen wegen Krankendiätverpflegung sind ohne Nachweis der tatsächlichen Kosten bei Tuberkulose, Zuckerkrankheit, Zöliakie oder Aids 70 Euro, bei einer Gallen-, Leber- oder Nierenkrankheit 51 Euro, bei einer Magenkrankheit oder einer anderen inneren Krankheit 42 Euro pro Kalendermonat zu berücksichtigen. Bei Zusammentreffen mehrerer Krankheiten werden die Beträge nicht addiert, es ist aber der jeweils höhere Pauschalbetrag zu berücksichtigen. Pflegebedingte Geldleistungen wie Pflegegeld, Pflegezulage oder Blindenzulage führen zu keiner Kürzung der obigen Beträge.

Eine steuerpflichtige Person hat diesen Anspruch nicht nur bei eigener Krankheit, sondern auch wenn die Ehepartnerin oder der Ehepartner oder ein Kind Krankendiätverpflegung benötigt. Betreffend die Ehepartnerin oder den Ehepartner wäre die Voraussetzung dafür der Anspruch auf den Alleinverdienerabsetzbetrag. Die Voraussetzungen beim Kind wären eine positive, nämlich der Anspruch auf den Kinderabsetzbetrag oder den Unterhaltsabsetzbetrag, und eine negative, nämlich dass keine erhöhte Familienbeihilfe gemäß § 8 Abs 4 des Familienlastenausgleichsgesetzes gewährt wird.

Sind auch Heilbehandlungen im Ausland absetzbar?

Für die Anerkennung von Krankheitskosten als außergewöhnliche Belastung ist erforderlich, dass nachweislich eine Krankheit vorliegt, die Behandlung in direktem Zusammenhang mit dieser Krankheit steht und eine taugliche Maßnahme zur Linderung oder Beseitigung dieser Krankheit darstellt. Es kommt nicht darauf an, ob die Heilbehandlung im In- oder Ausland erfolgt. Entscheidend ist nur, dass die Person, die die Heilbehandlung durchführt, dazu nach den jeweiligen nationalen Vorschriften befugt ist (z.B. in Deutschland auch Heilpraktiker/innen).

Kann ich auch Ausgaben zur Aufrechterhaltung der Gesundheit geltend machen?

Wie vielfach in unserer Rechtsordnung ist auch im Steuerrecht das Präventionsverhalten gegenüber Kurativmaßnahmen benachteiligt. Das hängt damit zusammen, dass nur „außergewöhnliche" Belastungen abzugsfähig sind und Krankheiten und deren Bekämpfung als „außergewöhnlich" angesehen werden, hingegen Kosten für die Erhaltung der Gesundheit nach Ansicht des Gesetzgebers jeden Menschen treffen. Dabei wird aber verkannt, dass Gesundheitsausgaben nicht wie allgemeine Lebenserhaltungskosten – also z.B. für Wohnen, Bekleidung, Essen – quasi automatisch anfallen, sondern es in der Entscheidung jeder einzelnen Person steht, für die Aufrechterhaltung ihrer Gesundheit etwas aufzuwenden oder nicht. Nach der gegenwärtigen Rechtslage sind somit alle Kosten, die für die Vorbeugung gegen Erkrankungen, aufgewendet werden, nicht abzugsfähig. Das gilt in Anwendung dieses Gedankens natürlich umso mehr noch für Ausgaben im Zusammenhang mit Verjüngungskuren und medizinischen Maßnahmen zur Vorbeugung von Alterserscheinungen (Anti-Aging, Better-Aging).

Anhang

Ratgeber-Literatur

Allgemeines

Kolba, Peter / Resetarits, Peter: Mein großer Rechts-Berater. Antworten auf alle juristischen Fragen im Alltag. Von „Anwaltssuche" bis „Zahlungsverzug"; Linde-Verlag, 3. Auflage (2007), 848 Seiten

Arbeitsplatz

Kallab, Thomas / Ullmann, Erich: Arbeitsrecht in Frage und Antwort. Arbeitsvertrag, Arbeitszeit, Elternkarenz, Krankenstand, Kündigung, Pflegefreistellung; ÖGB-Verlag, 11. Auflage (2006), 320 Seiten

Behinderung

Knyrim, Rainer / Valencak, Katalin: Rechtsratgeber für kranke und behinderte Menschen; Verlag LexisNexis, 2. Auflage (2006), 208 Seiten

Freizeit

Stock, Wolfgang / Ressler, Hildegard: Tourismus – Freizeit – Sport. Meine Verantwortung & meine Rechte; Leopold Stocker Verlag (2006), 143 Seiten

Kinder

Nademleinsky, Marco: Aufsichtspflicht. Was Kinder- und JugendbetreuerInnen wissen müssen. Plus: Haftung und Versicherungsschutz; Manz-Verlag (2006), 160 Seiten

Krankenstand

Lindmayr,. Manfred: Entgelt ohne Arbeit. Krankenstand und andere Dienstverhinderungsgründe; Verlag LexisNexis (2006), 340 Seiten

Lebensberatung

Bitzer-Gavornik, Günther: Lebensberatung in Österreich; Verlag LexisNexis, 2. Auflage (2004), 200 Seiten

Patientenverfügung

Ploier, Monika / Petutschnigg, Berthold: Die Patientenverfügung. Alles Wissenswerte für Patienten, Ärzte und Juristen. Beispiele, Checklisten, Praxistipps, Muster; Juridica-Verlag (2007), 164 Seiten

Sozialleistungen

Kammer für Arbeiter und Angestellte (Hrsg.): Sozialstaat Österreich. Sozialleistungen im Überblick. Lexikon der Ansprüche und Leistungen; ÖGB-Verlag, 9. Auflage (2007), 368 Seiten

Steuern

Fischmeister, Gabriela / Kwauka, Martin / Mörtl Johannes: Steuertipps 2008. So bekommen Sie Geld vom Finanzamt zurück. Plus: So funktioniert das FinanzOnline-Verfahren; Manz-Verlag, 7. Auflage (2007), 300 Seiten

Versicherungen

Donovitz, Frank / Schulze, Elke: Richtig versichern. Welche Versicherung Sie jetzt brauchen und welche Sie sich sparen können; Linde-Verlag (2007), 144 Seiten

Vorsorge

Resetarits, Peter / Weiser, Nikolaus: Der Vorsorge-Berater. Das Nachschlagewerk für die rechtliche, soziale und gesundheitliche Vorkehrung. Vorsorgevollmacht, Patientenverfügung, Sachwalterschaft. Pflege von Angehörigen. Alters- und Pflegeheime – Auswahl und Aufenthalt. Pensionsvorsorge. Erbrecht; Linde-Verlag (2007), 320 Seiten

Internet-Adressen

www.bmgfj.gv.at
(Bundesministerium für Gesundheit, Familie und Jugend)

www.help.gv.at
(Offizieller „Amtsführer“ für Österreich)

www.ris.bka.gv.at
(Rechtsinformationssystem des Bundeskanzleramtes)

Stichwortverzeichnis

A

Abdominaltyphus (siehe auch Typhus) 155
Abgrenzungsverordnung 122
Abhängigkeitserkrankung 30
Abnahmeuntersuchung 86
Abszess 147
Aids 160
Alkoholabhängigkeit 67
Alkoholisierung 45
Alkoholismus 112, 114, 160
Allergie 20, 75, 114, 138, 159
Allergikerküche 93
Allgemeinerkrankung 67
Altersheim 77
Alterungsprozess, pathologischer 67
Amöbenruhr (siehe auch Ruhr, übertragbare) 155
Amtsärztin/Amtsarzt 60, 63, 70, 72, 103, 104, 105, 106, 152, 156, 157
Amtshaftungsanspruch 106
Amtshaftungsgesetz (AHG) 106
Amtshandlung, polizeiliche 90
Amtssachverständige/r 29
Anamnese 98, 110, 112
Anästhesiologie 100
Anatomie 100
Anfallsleiden 36
Angehörige 18, 27, 54, 56, 57, 58, 107, 118, 119, 120, 146
Angina-pectoris-Anfälle 67
Anpassungsstörung 67
Ansteckungsverdacht 153, 154
Anti-Aging 161
Antibiotika-Therapie 18
Antikoagulans 113
Apotheke 121, 122, 123, 124, 153
Apothekenbetriebsordnung (ABO) 122, 123
Apothekengesetz (ApG) 122
Apothekenvorbehalt 122
Arbeitgeber/in 32, 33, 34, 35, 36, 37, 38, 41, 42, 43, 44, 46, 47, 48, 50, 51, 52, 55, 56, 57, 88, 104
Arbeitnehmer/in 13, 32, 34, 35, 36, 37, 38, 39, 40, 41, 42, 44, 45, 46, 47, 48, 49, 50, 51, 52, 53, 54, 55, 57, 58, 104
ArbeitnehmerInnenschutzgesetz (ASchG) 35, 36, 37, 38, 39, 41
Arbeitsinspektorat 37, 41
Arbeitsleistung 45, 46, 51, 52, 58
Arbeitsmedizin 35, 37, 38, 39, 100
Arbeitsmittel 35, 40, 41
Arbeitsplatz 32, 33, 34, 35, 41, 43
Arbeitsplatzbeschreibung 49
Arbeitsstätte 35, 38, 39, 40, 41, 43, 44, 83, 89, 108
Arbeitsstättenverordnung (AStV) 39, 40
Arbeitsstoff 35, 40
Arbeitsunfähigkeit 45, 46, 47, 48, 49, 53, 120, 129
Arbeitsunfall 42, 45, 88, 89, 90, 108, 133
Arbeitsverfahren 35
Arbeitsvertrag 32, 34, 43, 48, 57, 58
Arbeitsvorgang 35, 40
Arbeitszeit 40, 44, 45, 55
Arzneimittel (siehe auch Medikament) 42, 68, 75, 90, 102, 121, 122, 123
Arzneimittelabhängigkeit 67, 68
Arzneimittelgesetz (AMG) 90, 91, 121, 122, 123
Arzneimittelkosten 158
Arzneimittelsicherheit 122
Arztbesuch 44, 45, 58, 104
Ärztegesetz (ÄrzteG) 16, 17, 18, 25, 26, 38, 39, 98, 99, 101, 102, 104, 156, 157
Ärztekammer 74, 102
Ärzteliste 99, 100
Arztrechnung 158
Atembeschwerden 64
Atemstillstand 74
Atemwegserkrankung 114
Atmungsorgan 138
Attest, ärztliches 28, 34, 48, 55, 73, 98, 104, 149
Attest, psychiatrisches 147
Aufbewahrungsfrist 25, 26, 27
Aufklärung 20, 21, 110
Aufklärung, ärztliche 98, 107, 120
Aufklärungspflicht 32
Auflage 14, 63, 66, 67, 68, 70, 71, 72, 73, 86, 87
Aufnahmeuntersuchung 24
Aufsicht 14, 15, 156
Aufsicht, ärztliche 94
Aufsichtspflicht 15, 153
Aufwandersatz 110
Augenheilkunde 61, 100
Augenkrankheit 62, 68
Augenoptikerin/Augenoptiker 61

Augenschaden 95
Augenzittern 68, 70
Ausbildung, medizinisch-wissenschaftliche 13, 17, 100
Ausbildung (Erst-Helfer/in) 40
Ausgleichkraftfahrzeug 63
Ausland 51, 57, 145, 161
Autoapotheke 79
Autoimmunerkrankung 20, 112, 114
AUVA 38

B

Babesiose 114
Bacille-Calmette-Guerin 115
Badebetrieb 86
Badedichte 78
Badegast 78, 86, 87
Badegewässer 86, 87
Baden 86, 87
Bäderhygienegesetz 86
Bäderhygieneverordnung 87
Badesaison 87
Badesee 87
Baldriantinktur 122
Bandage, orthopädische 124
Bänder 134
Bang`sche Krankheit 154
Bautätigkeit 93
Bedienungseinrichtung 96
Beeinträchtigung, gesundheitliche 12, 15, 28, 36, 37, 49, 66, 130
Befristung 43, 63, 129
Befruchtung, künstliche 159
Befund 25, 34, 60, 61, 63, 104
Begleitperson 77, 106, 159
Behandlung, gynäkologische 16
Behandlung, psychiatrische 16
Behandlung, psychosoziale 18, 44
Behandlungsinformation 17
Behandlungskosten 120, 159
Behandlungsübernahme 98
Behandlungsvertrag, ärztlicher 98, 99, 102, 103, 107
Behelf, orthopädischer 106
Behindertenparkplatz 76, 77
Behinderung 12, 32, 62, 65, 75, 123
Behinderung, geistige 68
Belastung, außergewöhnliche 158, 159, 160, 161
Beobachtungsfahrt 60, 62
Beratung 30, 98, 122, 123
Beratung, arbeitsmedizinische 39
Beratung, klinisch-psychologische 29
Beratung, psychosoziale 29
Beratung, sportwissenschaftliche 102
Beratungsgespräch 125
Beratungsstelle 103
Bergnot 133
Bergsteigen 139
Bergsteiger/in 90
Bergunfall 89
Bergung 74
Bergungskosten 89, 133
Berufsausübungsregel 102
Berufsgeheimnis 17, 39
Berufshaftpflicht 136
Berufskrankheit 37, 88
Berufssportversicherung 135
Beschädigtenrente 106
Beschäftigungsverbot 27
Beschwerde 23
Bestrahlungsabstand 95, 96
Bestrahlungsvorgang 96
Besucherkapazität 86
Betretungsrecht 82
Betreuung 18, 29, 54, 98
Betreuung, arbeitsmedizinische 35, 37, 38
Betreuung, medizinische 13, 128, 129
Betreuung, schulärztliche 22, 24
Betreuungsperson 54, 56
Betriebsanlagenbewilligung 95
Betriebsbewilligung 86
Betriebsstörung 36
Betriebszeit 87, 96
Betrug 149
Betrunkene/r 78, 114
Better-Aging 161
Bettruhe 49
Beweglichkeit 61, 69
Bewegung 12, 88
Bewegungskurs 88
Bewegungsstörung 12
Bewilligung 14, 85, 86
Bewusstseinsauffällige Person 114
Bewusstseinsstörung 68, 134
Bewusstseinstrübung 36, 68, 69
Bezirksgericht 103, 107
Bezirksgesundheitsamt 152
Bezirkshauptmannschaft 152
Bezirksschulrat 24
Bezirksverwaltungsbehörde 30, 86, 103, 105, 119, 152, 153
Bilirubin 125
Biophysik, Medizinische 100
Bissverletzung 154
Blasentee 122
Blattern 152
Blindenzulage 160
Blindgang 62
Blindheit 77

Blut 109, 110, 111, 112, 113, 115, 124, 138
Blutbestandteil 109, 110, 111, 112, 113
Blutdruck 111
Blutdruckanomalie 68
Blutdruckmessgerät 102, 123
Blutdruckmessung 61
Bluterkrankung 112, 114
Blutfett 124
Blutgruppenserologie 100
Bluthochdruck 109
Blutplasma 113
Blutpräparat 121
Blutsicherheitsgesetz 109
Blutspendeeinrichtung 109, 110
Blutspenden 21, 109, 110, 111, 112, 113
Blutspenderausweis 111
Blutspenderverordnung 21, 109, 110, 114
Blutspendeverbot 114
Bluttransfusion 114
Blutung 74
Blutungsbereitschaft 112, 114
Blutverdünnungstherapie 20
Blutzelle 113
Blutzuckerspiegel 18
Borrelien-Infektion 114
Brille 61, 122, 146, 158
Brillenglasbestimmung 61
Brucellen-Infektion 114
Bruchband 122, 159
Brüche 138
Brusttee 122
Bungee-Jumping 139

C

Chagas-Krankheit 114
Chirurgie 100, 101
Chirurgie, Ästhetische 101
Chirurgie, Plastische 101
Chirurgie, Rekonstruktive 101
Chlorabspalter 96
Cholera 115, 154
Cholera, Asiatische 153
Creutzfeldt-Jakob Krankheit 114

D

Dämmerungssehen 62
Dampfbad 94
Darmerkrankung 114
Daten, genanalytische 33, 34, 142, 143
Datenschutzgesetz 26, 119, 142
Depression 36, 147
Depression, saisonal abhängige 124
Desensibilisierungsbehandlung 114
Desinfektionsmittel 96
Diabetes mellitus (siehe auch Zuckerkrankheit) 18, 20, 68, 108
Diagnose 29, 48, 98, 99, 121, 142, 148
Diagnostika 121, 124, 125
Diät 160
Dienstverhinderung 45, 46, 48, 56, 58
Diphtherie 115, 154
Diskriminierungsverbot 129
Doping 90, 91
Dopingverbot 90, 91
Drachenfliegen 134, 139
Drogentest, prophylaktischer 29
Drogerie 121, 124
Drüse 138

E

Eigenanwendung 124, 125
Eigenblutdepot 112
Eigenblutspende 112
Eigenverantwortung 91, 103, 133
Eignung 14, 34, 36, 56, 62, 65, 67, 68, 69, 70, 71, 72, 84, 125
Eignung, gesundheitliche 34, 60, 63, 66, 111
Eignungsuntersuchung 37, 110
Einäugigkeit, funktionelle 61
Eingriff, medikamentöser 101
Eingriff, neurochirurgischer 71
Eingriff, operativer 101, 116, 140
Einkommensausfall 88
Einkommensersatz 89
Einkommensteuergesetz (EStG) 158, 160
Einmalkatheter 115
Einwilligung 15, 19, 20, 21, 118, 120
Eisklettern 134
Eiweiß 125
EKG 138
Ekzem 20
Elternbildung 12
Embryologie 100
Empfängnisregelung 123
Encephalopathien, subakute spongiforme 154
Endoskopie 114
Entbindung 128, 129, 131, 148
Entgelt 17, 42, 55, 58, 91, 99
Entgeltfortzahlungsanspruch 45, 46, 47, 53, 56
Entgeltfortzahlungsaufwand 88
Entspannungsraum 94
Entspannungstraining 94
Entwicklungsstörung 12
Entzugsbehandlung 29

Enzephalopathie, übertragbare spongiforme 114
Epidemiegesetz (EpidemieG) 105, 106, 153, 154, 155
Epilepsie 68, 112, 114, 135
Epstein Barr Virus 116
Erfrierung 134
Ergotherapie 122
Erholungsbedürftigkeit 28, 52
Erholungsraum 82, 83, 84
Erholungsurlaub 50, 52, 55, 57
Erholungswald 83, 84, 85
Erholungswirkung 82, 83, 84, 85
Erholungszweck 50, 51, 52, 57, 83, 84
Erklärungslösung 118
Erkrankung, bakterielle 154
Erkrankung, infektiöse 96, 115, 153, 154
Erkrankung, invasive 154
Erkrankung, lokale 69
Erkrankung, meldepflichtige 105, 153, 154, 155
Erkrankung, psychische 65, 70, 71, 159
Erkrankung, übertragbare 111
Ernährungszustand 111
Erregung 75
Errichtungsbewilligung 86
Erschöpfung 83, 134
Erste Hilfe 39, 40
Erste-Hilfe-Ausstattung 124
Erste-Hilfe-Kurs 73, 78
Erst-Helfer/in 39, 40, 41
Erstspende 110, 111
Erstversorgung 74, 145
Erythrozyten 125
Evaluierungspflicht 41
Extremitäten 61
Extremsportart 134

F

Fachärztin/Facharzt 61, 62, 67, 68, 69, 70, 71, 72, 98, 99, 100, 120
Fachgebiet 99, 100
Fahrrad 14, 64, 65, 77
Fahrradunfall 136
Fahrradverleih 94
Fahrtkosten 120, 159
Fahrtüchtigkeit 63, 69, 70, 75, 120
Fahrverbot 64, 65
Fahrverhalten 65, 71
Fahrzeugkontrolle 79
Fallschirmspringen 139
Familienangehörige 56, 118
Fastenwoche 94
Fibrose, cystische 18
Fieber, rheumatisches 114
Fieber, virusbedingtes hämorrhagisches 154
Fiebermessen 17
Fieberthermometer 124
Filter, optischer 95
Finanzamt 158
Fitnessraum 94
Fitnessstudio 91
Flecktyphus 153
Flugangst 147
Flugtransport 89
Folgeuntersuchung 37
Forstgesetz (ForstG) 82, 83, 84, 85
Fortpflanzung, medizinisch unterstützte 159
Fortpflanzungsunfähigkeit 16, 159
Frauenheilkunde 100
Freiheitsstrafe 17, 39
Freizeit 52, 82, 133, 138
Freizeitsport 88, 91, 133
Freizeitunfall 45, 88, 89, 90, 108, 133, 136
Früherkennung 108
Frühgeburt 104
FSME 115, 134
Führerschein 60, 61, 62, 63, 66, 72, 73
Führerscheinbeschränkung 67
Führerscheinentziehungsverfahren 65, 66, 76
Führerscheingesetz (FSG) 60, 61, 62, 63, 66, 72, 73, 76
Führerscheingesetz-Durchführungsverordnung (FSG-DV) 72, 73, 74
Führerscheingesetz-Gesundheitsverordnung (FSG-GV) 62, 67, 72, 120
Führerschein-Richtlinie 66
Führerscheinverbot 67
Fußball 52
Fußgängerin/Fußgänger 65

G

Gallenkrankheit 160
Gallentee 122
Ganzkörperbestrahlungsgerät 96
Gartenarbeit 133
Gastgewerbetreibende 153
Gebärmutter 16
Gebisssanierung 159
Gebrechen 36, 64, 138
Geburt 114
Geburtshilfe 100
Gefahr, gesundheitliche 16, 20, 27, 32, 35, 42

Gefahr, versicherte 89
Gefahrengebiet 42, 138
Gefahrenverhütung 36, 41
Gefahrenzuschlag 139
Gefahrumstände 137
Gefäßerkrankung 114
Gehbehelf 159
Gehbehindertenausweis 77
Gehbehinderung 76, 77
Geheimnis 16, 17, 26, 38, 39
Gehirn 138
Geistesstörung 134
Gelbfieber 115, 154
Geldleistung 52, 89, 160
Geldstrafe 17, 34, 39, 119, 143, 144
Gelenk 69, 138
Gemeindeärztin/Gemeindearzt 47
Gemeingefahr 78
Genanalyse 34
Genetik, Medizinische 100
Gentechnikgesetz (GTG) 34, 142, 143
Gericht 12, 23, 47, 94, 143, 152
Gerichtsmedizin 100
Geschlechtskrankheit 20, 100, 152, 155, 156
Geschlechtskrankheitengesetz (GeschlechtskrankheitenG) 104, 155, 156
Geschlechtsorgan 138
Geschwülste 138
Gesichtsfeld 61, 62
Gestaltungseinrichtung 84
Gestik 61
Gesundenuntersuchung 43, 66, 107
Gesundheitsamt 152, 153, 155, 156
Gesundheitsangebot 92
Gesundheitsbehörde 30, 158
Gesundheitsberuf 33, 153
Gesundheitsbibliothek 94
Gesundheitsblätter 25, 26
Gesundheitsdaten 26, 34, 137, 141, 142, 143
Gesundheitserziehung 25
Gesundheitsförderung 38, 108
Gesundheitsgefahr 94, 110
Gesundheitsgut 88
Gesundheitshotel 92, 93, 94
Gesundheitsministerium 155
Gesundheitsprodukt 102
Gesundheitsratgeber 159
Gesundheitsschädigung 79
Gesundheitsschutz 35, 38, 42, 111
Gesundheitsschutzdokument 41
Gesundheitssport 33, 88
Gesundheitsüberwachung 35, 37
Gesundheitsurlaub 93
Gesundheitsvorsorge 142, 143, 152
Gesundheitswesen 153
Gesundheitszustand 17, 25, 29, 33, 39, 45, 48, 49, 65, 106, 128, 132, 137, 141
Getränk, alkoholisches 103
Gewährleistungsanspruch 93, 94
Gewebetransplantat, allogenes 115
Gewerbebetrieb 95
Gewerbeordnung (GewO) 19, 95, 123
Gewerberecht 19, 92, 94, 95
Gewicht 61, 64, 111, 113
Gipsfuß 76, 77
Gipshand 14
Gleichgewicht 62, 70
Gleichgewichtsorgan 62
Gleichgewichtsstörung 69
Gliedmaßen 62, 69, 134
Gliedmaßendefekte 69
Glomerulonephritis, akute 116
Glukosespiegel 124
Grenzkontrolle 106
Gutachten 29, 60, 61, 62, 63, 67, 68, 71, 72, 76
Gutachten, schulärztliches 22
Gutachten, schulpsychologisches 22
Gutachten, wasserhygienisches 86, 87

H

Haarbehandlung 159
Haftpflicht 136
Hals-, Nasen- und Ohrenkrankheiten 100
Hämophilie 20
Harn 124, 125
Harnorgan 138
Haushalt 54, 55, 56, 160
Haushaltsversicherung 136
Haut 19, 94, 95, 138
Haut- und Geschlechtskrankheiten 100
Hautausschlag 46
Hautbestrahlungsgerät 95
Hautdesinfektionsmittel 21
Hautfalte 19
Hautkrankheit 20
Hautkrebsrisiko 95
Hautschaden 94
HBV-Risiko 115
Hebamme 105, 153
Hebeverbot 46
Heftpflaster 124
Heilbehandlung 16, 128, 131, 145, 161
Heilbehandlung, stationäre 129, 131
Heilbehelf 102, 122, 158
Heilkräuter 85
Heilmittel 106, 121

Heilpraktiker/in 161
Heilung 16, 101, 106, 116, 117, 121
Heilungsprozess 49
Heilungsverlauf 49
Hepatitiden 20, 111
Hepatitis A 115, 154
Hepatitis B 112, 115, 154
Hepatitis C 112, 115, 154
Hepatitis D 154
Hepatitis E 154
Hepatitis G 154
Hepatitis, infektiöse 115, 154
Herz 108, 118, 138
Herzchirurgie 100
Herzerkrankung 112, 115
Herzinfarkt 69, 134
Herz-Kreislauf-Kontrolle 61
Herzrhythmusstörung 69
Herzschrittmacher 69
Herzstillstand 74
Hilfeleistung 78, 79, 90
Hilfsperson 16, 26, 38
Histologie 100
HIV 20, 33, 112, 115
HIV-Risiko 115
HIV-Risikoverhalten 111
HIV-Status 110
Hoden 16
Honorar 103
Hörapparat 158
Hörtest 61
Hörvermögen 36, 62, 138
Hörvermögen, mangelhaftes 69
Hörweite 15
Hubschrauberbergung 90
Human T-cell-leucaemia (HTLV) 112, 115
Hupverbot 77
Hygiene 86, 96, 100, 152
Hypophysenhormon 114

I

Immundefizienzerkrankung, angeborene 20
Immunisierung 115
Immunisierung, passive 115
Immunologie 100
Immunsuppression 20
Immunthrombozytopenie 107
Impfreaktion 147
Impfschaden 105, 106
Impfschadengesetz (ImpfschadenG) 106, 107
Impfung 101, 105, 106, 107, 115, 117, 152
Impfunverträglichkeit 147, 148
Impfverträglichkeitsuntersuchung 107
Implantat 21, 69, 120
Infekt, fieberhafter 20
Infektion 33, 111, 114, 115, 116, 154, 155
Infektion, bakterielle 112
Infektionsabwehr 152
Infektionskontakt 115
Infektionskrankheit 115, 138
Influenza 115
Influenzavirusinfektion 154
Information, medizinische 17, 33, 39
Informationspflicht 34, 130, 139
Informationsrecht 16, 26
Infusion 18, 121
Inhalationsgerät 124
Injektion 18
Inkubationszeit 115
Innere Medizin 100
Insulin 18, 72
Intensivmedizin 100
Interesse, öffentliches 84, 85
Intimsphäre 16, 33
Invalidenkraftfahrzeug 63
Invalidität 133
In-Vitro-Diagnostika 124, 125

J

Jugendheilkunde 100
Jugendliche 12, 15, 19, 20, 22, 23, 118
Jugendprämientarif 132

K

Kampfsport 139
Kanüle 124
Kapsel 134
Karenzurlaub 52
Kassenärztin/Kassenarzt 47, 99, 102
Kassenvertrag 99, 107
Katheder 115
Keton 125
Keuchhusten 154
Kieferorthopädie 130
Kinder 12, 13, 14, 15, 17, 18, 19, 22, 23, 25, 54, 83, 118, 159
Kinder- und Jugendheilkunde 100
Kinderbetreuungsgeld 13, 14
Kinderchirurgie 100
Kinderlähmung 153, 154
Klage 94, 140, 141
Kleinbadeteich 86, 87
Kleinkind 13
Kleinklima 82, 83
Kneippteich 93
Kneippweg 93
Kniegelenksendoskopen 114

Knochenmarkspende 113
Kohle, medizinische 122
Komplikation 20, 21, 68, 116
Kompressionsstrumpf, medizinischer 124
Kondom 124
Konstitution 36
Kontaktlinse 61, 122, 124, 146, 158
Kontraindikation 20
Kontrollärztin/Kontrollarzt 50
Kontrolle, behördliche 86, 152
Kontrolluntersuchung 66, 67, 68, 69, 70, 71, 72, 103, 120, 139
Koordination 61, 70
Kopfschmerz 122, 139
Kopftumor 139
Körperbewusstsein 93
Körperersatzstück 63
Körpergewicht 64, 111, 113
Körperkerntemperatur 111
Körperkraft 36
Körperschaden 121, 132
Körpersubstanz 34, 143
Körperverletzung 79
Körperzelle 33, 142
Kosmetik 19, 92
Kostendeckungszusage 131
Kostenübernahme 89, 132
Kraftfahrzeug 60, 61, 62, 63, 65, 67, 68, 69, 70, 71, 72, 73, 76, 77
Krampfader 140, 141
Krampfanfall 112
Krämpfe 36
Krankenanstalt (siehe auch Krankenhaus und Spital) 77, 89, 103, 106, 142, 143, 153
Krankenbehandlung 105
Krankendiätverpflegung 160
Krankengeld 89, 120, 129
Krankengeldversicherung 129, 130, 131
Krankengeschichte 130
Krankenhaus (siehe auch Krankenanstalt und Spital) 41, 45, 77, 103, 131, 149, 156
Krankenhausaufenthalt 32, 138, 159
Krankenhausbesuchskosten 159
Krankenhaustagegeld 128
Krankenhaustagegeldversicherung 128, 130
Krankenkasse 13, 14, 47, 88, 99, 102, 103, 107, 148
Krankenkassenkosten 88
Krankenpflege 105
Krankenstand 44, 46, 47, 48, 49, 50, 51, 52, 53, 113, 120
Krankentransport 74, 89
Krankentransportmittel 41
Krankenversicherung, gesetzliche 88, 89, 132, 158
Krankenversicherung, private 128, 129, 130, 131, 158
Krankenversicherungsträger 13, 43, 50, 100, 102, 103, 108
Krankenversorgung 142, 143
Krankenzusatzversicherung 141
Krankheit, ansteckende 32
Krankheit, anzeigepflichtige 153, 154
Krankheit, chronische 46, 114, 145
Krankheit, innere 160
Krankheit, sexuell übertragbare 115, 116
Krankheit, übertragbare 111, 155, 156
Krankheitsbestätigung 47
Krankheitsfolge 140
Krankheitskeim 153
Krankheitskosten 130, 158, 159, 161
Krankheitskostenversicherung 128
Krankheitswert 139, 141, 147
Krankmeldung 46, 148
Krankschreibung 49, 113
Kräutergarten 85
Kräutersammeln 85
Kräuterteebar 94
Krebserkrankung 16
Kreislauf 61, 138
Kreislaufstörung 108
Krücke 146
Kuranstalt 106
Kurativmaßnahme 161
Kuraufenthalt 32, 159
Kurbehandlung 46

L

Labor, medizinisches 153
Labordiagnostik, chemische 100
Labordiagnostik, medizinische 100
Labortest 101
Lagerung 74
Lancette 124
Landesgericht 107
Landesgericht für Zivilrechtssachen (LGZ) 46, 47
Landesschulrat 22, 24, 25, 26
Lärmbelastung 37
Lebendorganspende 120
Lebendvakzine 115
Lebensberatung 44, 102
Lebensgefahr 45, 90
Lebensmittel 122, 152
Lebensmittel, diätetisches 160
Lebensmittelaufsicht 152

Lebensmittelvergiftung, bakterielle 154
Lebensmittelvergiftung, bakteriologische 153
Lebensmittelvergiftung, virale 154
Lebensretter/in 90
Lebensversicherung 137, 139
Lebensweise, präventive 88
Lebensweise, therapeutische 88
Leberkrankheit 160
Legalservitut 82
Legionärskrankheit 154
Leiche 119
Leichenbesorgung 105
Leishmaniose 116
Leistung, freiwillige 90
Leistungsbeschreibung 92
Leistungsfreiheit 132
Leistungskatalog 99
Leistungsphysiologie, medizinische 100
Lenkberechtigung 60, 61, 62, 63, 65, 66, 67, 68, 69, 70, 71, 72, 73, 74, 76, 120
Lepra 116, 154
Leptospiren-Erkrankungen 154
Leukämie 113
Leukozyten 125
Lichttherapiegerät 124
Linsenoperation 95
Luftfahrzeug 89
Luftkurort, heilklimatischer 93
Lungenkrankheit 100
Lymphogranuloma inguinale 155
Lyssa (siehe auch Wutkrankheit) 155

M

Magengeschwür 139
Magenkrankheit 116, 160
Magistrat 152
Magnetfeldtherapiegerät 124
Malaria 116, 154
Mangel 64, 65, 94
Mangel, gesundheitlicher 24, 26, 64
Masern 115, 154
Masern-Mumps-Röteln-Impfung 107
Massage 44, 94, 122
Massage, gewerbliche 102
Maßnahme, gesundheitsbezogene 12, 27, 29, 30, 35, 38, 108, 121, 161
Medikament (siehe auch Arzneimittel) 17, 75, 76, 88, 113, 121, 122, 145, 146
Medizin, Innere 100
Medizin, Physikalische 101
Medizin, Psychotherapeutische 101
Medizinische Biophysik 100
Medizinprodukt 121, 122, 123, 124
Medizinproduktehandel 123, 124
Meldepflicht 42, 105, 153, 155
Meningitiden 154
Meningoencephalitiden, virusbedingte 154
Meningokokken 115
Menopause 112, 124
Messung 18, 86
Mieder 158
Mikrobiologie 100
Milz 138
Milzbrand 154
Mimik 61
Minderjährige/r 12, 13, 15, 16, 17, 20, 21, 30
Mindestalter 60
Mindestsehschärfe 61
Mitteilungspflicht 44, 47
Mitversicherer 143
Mobbing 43
Molkebad 94
Mononukleose, infektiöse 116
Motorik 61
Motorsport 139
Mountainbiken 82
Multiorganspende 117
Mumps 107, 115
Mund-, Kiefer- und Gesichtschirurgie 100
Muskel 71, 134, 138
Muskelbewegungskoordination 69
Muskulatur 69
Mutter-Kind-Pass 13, 14, 106
Mutterschaft 129
Mutterschutz 27

N

Nachsorge 21
Nachuntersuchung 70, 72
Nahrungsergänzungsmittel 122
Nasenflügel 19
Naturbadeplatz 93
Nebelfreiheit 93
Nebenwirkung 107, 110
Nerven 138
Nervenkrankheiten 69
Nervenleiden 135
Nervensystem 69, 70
Nerventee 122
Netzhaut 95
Neurobiologie 100
Neurochirurgie 100
Neurologie 100
Neuropathologie 100

Nichtraucherzimmer 93
Niereninsuffizienz 70
Nierenkrankheit 70, 116, 160
Notimpfung 105
Notrufnummer 41
Notwendigkeit, medizinische 88, 90
Nuklearmedizin 100, 138
Nystagmus 68, 70

O
Oberflächengewässer 86, 87
Öffentlichkeit 86, 102
Ohr 19, 21, 62, 100
Ö-Norm 79
Operation 18, 45, 70, 109, 112, 147
Operation, kosmetische 159
Optometrie 61, 100
Ordination, ärztliche 98
Ordinationszeit 44
Organ 109, 117, 118, 119, 143, 144
Organempfänger/in 120
Organspende 109, 117, 118, 120
Organteil 109, 117
Organtransplantation 70, 119, 120
Orthopädie 101
Orthopädische Chirurgie 101
Osteomyelitis 116
ÖVE-Prüfzeichen 95
Ovulationstermin 124

P
Paragleiten 134
Paratyphus 153, 154
Pathologie 101
Pathophysiologie 101
Patientin/Patient 13, 16, 18, 45, 88, 98, 99, 100, 101, 102, 103, 109, 118, 121, 124, 148, 149
Permanent-Make-Up 19
Personenschaden 88, 136
Pest 154, 155
Pflege 12, 18, 20, 30, 54, 55, 56, 58, 106, 129
Pflegebedürftigkeit 129
Pflegebefohlene 156
Pflegefreistellung 13, 54, 55, 56, 57, 58
Pflegegebührenklasse 106
Pflegekostenversicherung 129
Pflegekrankenversicherung 129
Pflegetagegeldversicherung 129
Pflegeurlaub 54, 55, 56, 57, 58
Pflegeversicherung 131
Pflegezulage 106, 160
Pflichten, elterliche 12, 13, 14, 17
Pflichtleistung 107
Pflichtversicherung 108, 136
Pharmakologie 101
Physikalische Medizin 101
Physiologie 101
Piercing 19, 20, 21, 116
Pietät 119
Pilates 88
Pilotprojekt 88
Plasmapherese 113
Plasmapheresestelle 153
Plasmaspende 113
Plastische Chirurgie 101
Pocken 105, 106, 153, 155
Poliomyelitis 115
Prämienerhöhung 132, 140
Prämienhöhe 137
Prämienzuschlag 138
Prävention 37, 38, 88, 105, 161
Privathaftpflicht 136
Privathaftpflichtversicherung 136
Privatsphäre 34, 110, 143
Privatunfallversicherung 133, 134
Probebetrieb 86
Probeentnahme 86
Produkt, biologisches 93
Prognose, medizinische 104
Prophylaktika 105
Prophylaxe 101, 124
Prothese 146
Psittakose 155
Psychiatrie 100, 101
Psychoterror 43
Psychotherapie 16, 29, 130
Puerpalfieber 155
Pulszählung 61
Pyelonephritis 116

Q
Q-Fieber 116
Qualitätsanforderung 94
Quartalsregelung 102

R
Radfahrprüfung 14
Radiologie 101
Radioonkologie 101
Rafting 134, 139
Raum- und Muskelsinn 71
Raumplanung, forstliche 83, 84
Reaktion, allergische 20
Reaktion, entzündliche 20
Reaktion, körpereigene 101
Rehabilitation 101
Rehabilitationskosten 133
Rehabilitationsmaßnahme 106

Rehabilitationszentrum 51, 77
Reiseapotheke 146
Reisebedarf 146
Reisebuchung 149
Reisegepäck 145, 146
Reisegepäckversicherung 145, 146
Reisekosten 106
Reisekrankenversicherung 145
Reiserücktrittskosten 147
Reiserücktrittskostenversicherung 145, 148
Reisestornoversicherung 145, 146, 147
Reiseunfähigkeit 145, 147
Reiseunfallversicherung 145
Reiseversicherung 145
Reisezweck 147
Reiten 139
Rekonvaleszentenheim 51
Respiratorische Insuffizienz 71
Rettungsboot 87
Rettungskosten 89
Rettungsmaßnahme 36
Rezeptgebühr 158
Rheumatismus 138
Rickettsiose durch R. prowazekii 155
Risikoeinschätzung 138
Risikofaktor 111
Risikosportart 139
Risken 20, 84, 107, 110, 120, 128, 129, 130, 133, 134
Risken, soziale 88
Rollstuhl 146
Röteln 107, 115, 155
Rotlichtlampe 124
Rotz 155
Rückengymnastik 94
Rückenmark 138
Rückfallfieber 155
Rücktrittsrecht 130, 140
Rückversicherer 143
Ruhr, übertragbare (siehe auch Amöbenruhr) 155

S
Sachleistung 88, 89
Sachverständige/r 29, 60, 86, 143
Sachverständigentätigkeit, medizinische 152
Salbeitinktur 122
Sanitäterin/Sanitäter 74, 90
Sanitätsbehörde 156
Sanitätspolizei 106, 153, 154
SARS 155
Sauerstoffabspalter 96
Sauna 94
Schaden 15, 42, 78, 88, 95, 105, 106, 107, 121, 132, 136, 137, 148
Schadenersatzanspruch 107, 136, 137
Schädigung, körperliche 133
Schanker, weicher 155
Scharlach 155
Scheckkartenführerschein 66
Schifahren 52
Schiene 159
Schlaganfall 134
Schlankheitskur 160
Schleimhaut 19
Schlichtungsstelle 143
Schmerz 139, 141, 145, 147
Schmerzmittel 122
Schockbekämpfung 74
Schönheitspflege 19
Schulärztin/Schularzt 24, 25, 26, 29
Schulaufsicht 24
Schulbehörde 23
Schulbesuch 22, 23, 24, 25, 28
Schulgesundheitspflege 24, 27
Schulpflicht 22, 23
Schulpflichtgesetz 22, 23
Schulreife 22, 23
Schulunterrichtsgesetz (SchUG) 24, 25, 26, 27, 28
Schulweg 27
Schutz, bäderhygienerechtlicher 87
Schutzausrüstung 42
Schutzbrille 96
Schutzeinrichtung 42
Schutzimpfung 105, 106
Schutzmaßnahme 36, 41, 95, 109
Schutzsystem 42
Schutzvorschrift 35, 42
Schutzwirkung 84
Schwäche, körperliche 36
Schwangere 13
Schwangerschaft 13, 104, 116, 124, 128, 129, 131, 147
Schwangerschaftsabbruch 116
Schweigepflicht, ärztliche (siehe auch Verschwiegenheitspflicht, ärztliche) 148
Schwerathletik 139
Seehöhe 93
Sehbehelf 61
Sehbehinderte 135
Sehne 134
Sehschärfe 61, 68
Sehschärfekontrolle 61
Sehverminderung 64
Sehvermögen 61, 62, 68, 71, 138
Selbstbedienung 95, 123
Selbstbehalt 129, 146, 158

Selbstschädigung 89
Selbstbestimmungsrecht 120
Sepsis 154
Sicherheit 35, 36, 37, 42
Sicherheit im Straßenverkehr 64, 68
Sicherheit, elektrotechnische 95
Sicherheitsfachkraft 37
Sicherheitsmaßnahme 109
Sicherheitsvertrauensperson 38, 41
Sicherheitszeichen 95
Sinnesfunktion 12
Sinnesorgan 138
Sofortmaßnahme, lebensrettende 73, 74
Solarienverordnung 95
Solarium/Solarien 92, 94, 95
Sonderfachbeschränkung 99, 157
Sonderurlaub 52
Sonnenbad, künstliches 95
Sonnenbrand 95
Sonnenexposition 93
Sozial- und Lebensberatung 102
Sozialmedizin 101
Sozialversicherung 88
Sozialversicherungsnummer 118
Sozialversicherungsrecht 89, 107, 120, 121
Sozialversicherungsträger 51, 89, 90, 107, 108, 143, 145
Sozialversicherungszuschuss 105
Spenderausweis 111, 118
Spital (siehe auch Krankenanstalt und Krankenhaus) 77, 148, 159
Spitalsbehandlung 89
Sport 45, 52, 88, 89, 90, 91, 133, 135, 139
Sporteinrichtung 85
Sporthaftpflicht 136
Sportlerin/Sportler 91
Sportunfall 45, 134
Sprachstörung 12
Sprachvermögen 61
Spritze 124
Stammzell-Register 113
Star, grauer 95
Steroide, anabole 91
Steuerrecht 161
Stillperiode 116
Stoffwechselerkrankung 116
Stoffwechselstörung 138
Störung 12, 69, 70, 71, 72, 138, 159
Störung, psychische 71
Strahlentherapie 101
Straßenverkehr 60, 64, 65, 68, 74, 75
Stromnetzfreischaltung 92, 93
Stützbandage 124
Substitutionsbehandlung 29
Suchthilfekompass 30
Suchtmittelabhängigkeit 71
Suchtmittelgesetz (SMG) 12, 29, 30
Suchtmittelmissbrauch 29, 112, 116
Symptom 48, 70, 114, 115, 130, 137, 139
Syphilis 116, 155

T

Tastgefühl 72
Tätowierung 19, 20, 21, 117
Tattoos 19
Tauchen 139
Teich 86, 87, 93
Teilarbeitsfähigkeit 48, 49
Tetanus 115
Therapie 12, 16, 18, 20, 29, 30, 98, 101, 121, 130, 149, 159
Therapiekontrolle 98
Therapiereiten 94
Thoraxchirurgie 101
Tod 54, 58, 79, 117, 119, 146, 148, 154, 155
Tollwut 115
Tollwutimpfung, postexpositionelle 117
Totvakzine 115
Toxikologie 101
Toxoidimpfstoffe 115
Toxoplasmose 117
Trachom 155
Trainer/in 91, 94
Transfusionsmedizin 100
Transfusionszweck 112
Transplantation 70, 117, 119, 120
Transportkosten 106
Tremor 61
Trichinose 155
Tripper 155
Tropenmedizin 101
Tuberkulose 103, 105, 155, 160
Tuberkulosegesetz (TuberkuloseG) 103
Tuberkuloseimpfung 105
Tularämie 155
Tumor 16, 139
Typhus (siehe auch Abdominaltyphus) 115, 153, 154, 155

U

Übelkeit 75
Übermüdung 75
Übernahmepflicht 103
Überwachung, ärztliche 29, 104, 123, 156

Überwachung, gesundheitliche 35, 37, 103, 153, 154, 156
Ultraviolettstrahlen 95
Unfall 42, 45, 47, 48, 50, 51, 73, 74, 78, 79, 88, 89, 90, 108, 129, 132, 133, 134, 135, 136, 145, 147, 148
Unfallchirurgie 101
Unfallfolge 128, 131, 134
Unfallgefahr 40, 41, 135
Unfallmeldestelle 41
Unfallmeldung 41, 135
Unfallverletzung 74, 134
Unfallversicherung 88, 89, 90, 133, 134, 135, 145
Unfallversicherung, gesetzliche 88, 89, 90, 133
Unfallversicherung, private 128, 133, 134
Unglücksfall 45, 78, 90
Unterricht 22, 24, 27, 28
Untersuchung 13, 14, 15, 24, 25, 29, 30, 33, 37, 43, 44, 60, 61, 62, 71, 86, 98, 99, 101, 103, 104, 105, 107, 108, 109, 110, 115, 139, 142, 148, 156
Untersuchung, ärztliche 13, 33, 50, 60, 63, 66, 67, 68, 69, 70, 71, 72, 104, 120, 129, 130, 152, 153. 156
Untersuchung, bildgebende 138
Untersuchung, nuklearmedizinische 138
Untersuchung, schulärztliche 24, 25, 27, 29, 30
Untersuchung, tonaudiometrische 62
Untersuchungskosten 108
Untersuchungsziel 108
Unversehrtheit, körperliche 15
Unzumutbarkeit 44, 78, 79
Urlaub 43, 44, 50, 51, 52, 54, 55, 56, 57, 58, 93, 118, 134
Urlaubsablöse 52
Urlaubsgesetz (UrlG) 51, 52, 54, 57, 58
Urlaubsunterbrechung 50
Urologie 101
Urteilsvermögensstörung 72
UV-Bestrahlung 95, 96
UV-Bestrahlungsgerät 95, 96
UV-Bestrahlungsliege 96
UV-Strahlung 95

V

Variola 115
Varizellen 115
Varizen 140
Verband 21, 106, 124
Verband, steriler 21
Verbandzeug 79, 121, 124
Verdauungsorgan 138
Verdienstausfall 129
Vergiftungsinformationszentrale 118
Verhaltensstörung 44, 72
Verhinderungsgrund 44, 45, 58
Verjüngungskur 161
Verkehrssicherheit 14, 63, 76, 77
Verkehrsunfall 73, 78, 79
Verkehrszuverlässigkeit 60, 66, 76
Verletzung 15, 19, 45, 70, 71, 79, 123, 134, 154, 159
Verletzungsgefahr 40
Vernarbung 19
Verrenkung 133
Verschwiegenheitspflicht (siehe auch Schweigepflicht) 13, 16, 17, 34, 38, 39, 128, 157
Versehrtenrente 89
Versicherung, freiwillige 108
Versicherungsabschluss 129
Versicherungsantragsformular 138
Versicherungsaufsichtsgesetz 144
Versicherungsbedingungen 133, 146, 148
Versicherungsfall 88, 89, 90, 131, 137, 142, 143, 146, 147
Versicherungsleistung 133
Versicherungsmissbrauch 89
Versicherungsprämie 134, 139
Versicherungsschutz 89, 131, 133, 141, 145, 147
Versicherungssteuer 77
Versicherungsunternehmen 128, 129, 130, 131, 132, 133, 134, 135, 137, 138, 139, 140, 142, 143, 144, 147, 148
Versicherungsverhältnis 135, 141, 142
Versicherungsvertrag 128, 129, 131, 132, 135, 139, 141, 143
Versicherungsvertragsgesetz (VersVG) 128, 129, 130, 131, 132, 133, 134, 135, 137, 138, 139, 140, 141, 143
Vertragsfreiheit 32
Verunstaltung 119, 159
Verwaltungsbehörde 30, 76, 86, 103, 105, 119, 143, 152, 153
Verwaltungsübertretung 119
Verwaltungsverfahren 86
Virologie 101
Vitalkapazität 71
Vogelgrippevirusinfektion 155
Volksgesundheit 106
Volksschule 22, 23
Vollblut 111, 112
Vollnarkose 113

Vollwertprodukt 93
Vorbeugung 121, 161
Vorsatz 45, 50, 53, 89, 132, 134, 146, 149
Vorschulstufe 23
Vorsorge 13, 39, 40, 134, 142, 143, 152
Vorsorgeuntersuchung 43, 44, 101, 105, 107, 108
Vorstellungsgespräch 32, 33

W
Wachstumshormon 91, 114
Wahlärztin/Wahlarzt 17, 47, 103, 158
Wald 50, 82, 83, 84
Waldbesucher/in 82, 84
Waldeigentümer/in 82, 84
Waldnähe 93
Wartezeit 130, 131
Wasserbeschaffenheit 87
Wassergymnastik 88
Wasserhaushalt 83
Wassernot 133
Wasserrechtsgesetz 86
Wegunfall 45, 108
Weicher Schanker 155
Werbebeschränkung 102
Werbung 102
West-Nil-Virus 117
Wettkampfsport 91
Whirlpool 94
WHO 105
Widerspruch 118, 119, 142
Widerspruchslösung 109, 117
Widerspruchregister 118
Wiedereingliederung, berufliche 89
Wirbelsäule 134, 138
Wirbelsäulenverkrümmung 138
Wohl, körperliches 12
Wohlbefinden 94
Wohlfahrtswirkung 82, 83, 85
Wohlfühlatmosphäre 93
Wohnort 13, 145
Wundinfektion 134
Wundschnellverband 21
Wundversorgung 17, 79
Wutkrankheit (siehe auch Lyssa) 155

Z
Zahlencode 72, 73
Zahn-, Mund- und Kieferheilkunde 100
Zahnbehandlung 117, 129, 130, 145
Zahnbehandlungskosten 159
Zahnersatz 129, 130, 159
Zahnextraktion 116
Zahnprothese 101
Zahnregulierung 159
Zahnversicherung 129
Zeckenbiss 134
Zelltransplantat, allogenes 117
Zentralkatheter, intravasaler 115
Zentralnervensystemerkrankung 117
Zerreißung 134
Zerrung 134
Zeugnis, ärztliches 24, 28, 29, 48, 98, 104, 156
Zinkpaste 122
Zöliakie 160
Zuckerkrankheit (siehe auch Diabetes mellitus) 32, 68, 72, 75, 160
Zuckerwert 109
Zulassungsbesitzer/in 79
Zunge 19
Zungenbändchen 19
Zusatzversicherung 128, 141
Zustand, körperlicher 37, 64, 89
Zwangsgewalt 152
Zweck, genanalytischer 34, 143